자녀의 5가지 사랑의 언어

THE FIVE LOVE LANGUAGES OF CHILDREN
by Gary Chapman and Ross Campbell, M. D.

This book was first published in the United States
by Moody Press with the title of
The Five Love Languages of Children.
Copyright ⓒ 1997 by the Moody Bible Institute of Chicago.
All rights reserved.

Korean Edition published by Word of Life Press, Seoul, 1998, 2013
Translated and published by permission.
Printed in Korea.

자녀의 5가지 사랑의 언어

ⓒ 생명의말씀사 1998, 2013

1998년 5월 10일 1판 1쇄 발행
2011년 11월 25일   25쇄 발행
2013년 6월 25일 2판 1쇄 발행
2024년 12월 27일   14쇄 발행

펴낸이 | 김창영
펴낸곳 | 생명의말씀사

등록 | 1962. 1. 10. No.300-1962-1
주소 | 서울 종로구 경희궁1길 6 (03176)
전화 | 02)738-6555(본사)·02)3159-7979(영업)
팩스 | 02)739-3824(본사)·080-022-8585(영업)

기획편집 | 임선희, 이은정
디자인 | 윤보람
인쇄 | 영진문원
제본 | 다온바인텍

ISBN 978-89-04-14131-9 (03230)

저작권자의 허락없이 이 책의 일부 또는 전체를
무단 복제, 전재, 발췌하면 저작권법에 의해 처벌을 받습니다.

THE FIVE LOVE
LANGUAGES OF CHILDREN

게리 채프먼・로스 캠벨 지음 | 장동숙 옮김

자녀의 5가지 사랑의 언어

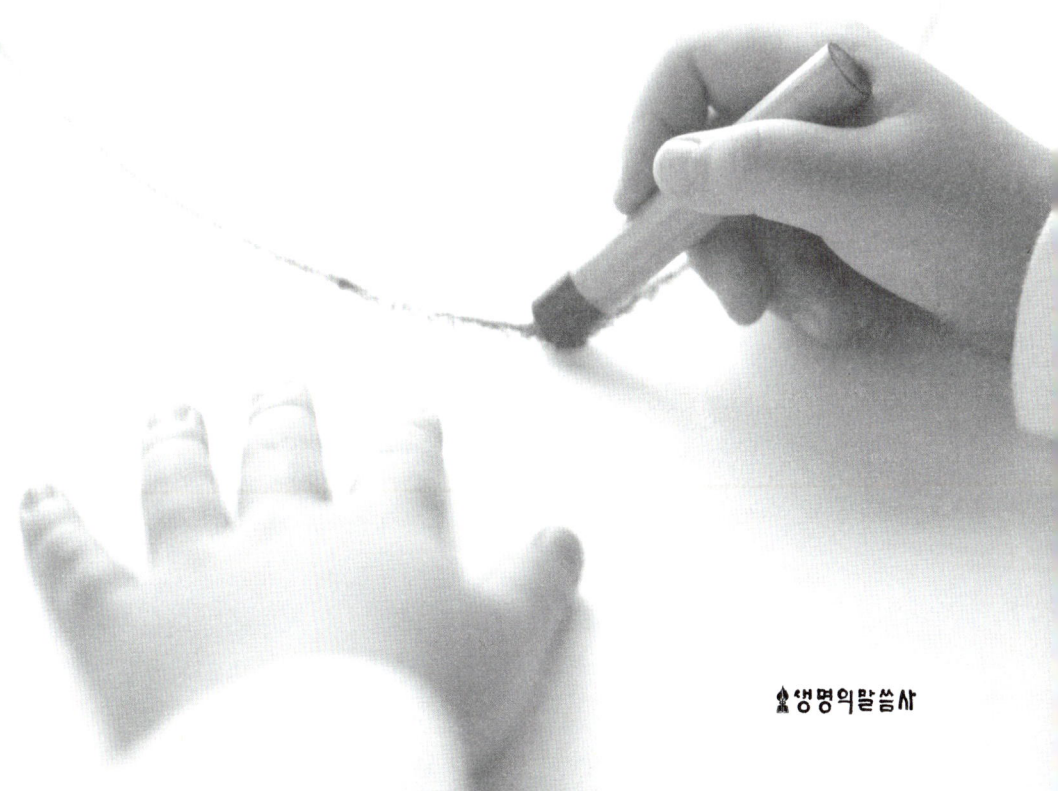

생명의말씀사

THE FIVE LOVE
LANGUAGES
OF CHILDREN

역자 서문

 부모들은 모두 자녀를 사랑한다. 그러나 자녀들의 마음은 늘 허전하고, 사랑받는다는 것을 잘 느끼지 못한다. 왜 이런 부조화가 생기는 것일까? 이 책은 바로 이 점에 대해 말한다.
 의사소통을 잘 하려면 공감되는 말을 사용해야 하듯, 사랑도 아이들에게 맞는 방식으로 전달해야 한다. 모든 아이는 자신만의 독특한 방식으로 사랑을 느끼며 자기의 사랑을 다섯 가지 방법으로 이해하고 전달한다. 즉 '스킨십', '인정하는 말', '함께하는 시간', '선물', '봉사'다. 자기에게 맞는 사랑의 언어를 부모가 표현해줄 때 자녀는 사랑을 가장 많이 느낄 수 있다. 그러므로 우리 부모들은 자녀에게 맞는 제1의 사랑의 언어를 표현하는 동시에 다른 사랑의 언어도 함께 표현해야 한다. 그렇게 할 때 그들의 사랑의 탱크가 충분히 채워지고, 자녀들은 늘 안정감을 느끼며 모든 면에서 자기 능력을 발휘할 것이다.

자녀들은 계속 성장하기 때문에 자녀들의 사랑의 언어는 곧 학습과 훈련으로 연결된다. 충분히 사랑받는다고 느끼는 자녀들은 가정에서뿐 아니라 학교 등의 공동체 생활에서도 잘 조화를 이루면서 훌륭한 어른으로 성장할 것이다.

이 책은 우리 부모들의 그릇된 사고를 바로잡아 주는 동시에 가장 실제적으로 자녀를 사랑하는 법이 무엇인지 가르쳐준다. 자녀를 사랑하지 않는 부모는 아무도 없을 것이다. 단지 자녀를 어떻게 효과적으로 사랑하는지 모를 뿐이다. 좋은 부모는 저절로 되지 않는다. 자녀에 대한 깊은 이해와 부단한 노력이 있어야 한다.

번역 작업을 하면서 나는 이 책이 제시하는 바를 아이들에게 바로 적용해보았다. 번역하는 내내 아이들과 함께하는 기분이었다. 이 책을 접하는 독자들도 아이들과 더욱 친근해질 것이다. 이제 나는 내 아이들의 제1의 사랑의 언어를 분명히 알게 되었다. 그리고 그들의 사랑의 언어를 집중적으로 표현하는 동시에 다른 사랑의 언어도 표현하려고 노력하고 있다.

사랑은 모든 것을 변화시킨다. 이 책에 실린 모든 실례가 현실화되는 것을 보며, 이 책은 단지 어떤 개념을 전달하는 것이 아니라 실용적인 비법을 제공한다는 확신이 들었다.

이 책의 효과를 직접 체험하고 있는 두 아이의 어머니로서 이 책이 출판되어 무척 기쁘다. 모쪼록 이 작은 책자가 당신 자녀의 앞날에 큰 도움이 되길 바란다.

서문
자녀의 언어로 말하기

"대박~", "안습~", "헐~". 아이들은 부모가 언뜻 이해할 수 없는 언어를 사용할 때가 많다. 그리고 우리의 생각이 아이들에게 제대로 전달되지 않는 경우도 많다. 그러나 사랑이 제대로 전달되지 못하면 큰 문제가 생긴다. 당신은 자녀의 언어로 말하는가? 아니, 말할 수 있는가?

아이마다 제1의 사랑의 언어가 있고, 그것을 통해 부모의 사랑을 가장 잘 이해한다. 이 책은 자녀의 제1의 사랑의 언어를 어떻게 알 수 있으며, 어떻게 사용할 것인가를 알려준다. 아울러 자녀들이 부모의 사랑을 아는 데 도움이 되는 네 가지의 다른 사랑의 언어를 알려줄 것이다.

자녀들이 책임 있는 어른으로 자라려면 그들이 사랑받고 있다는 사실을 알아야 한다. 사랑은 자녀들이 사려 깊고 사랑스러운 어른으로 성장하는 데 필요한 견고한 기초다.

이 책은 자녀들의 5가지 사랑의 언어를 소개하며 당신의 자녀가 사랑을 느끼는 제1의 언어를 파악하는 데 도움을 줄 것이다. 그러나 당신의 자녀가 다섯 가지의 모든 방법으로 사랑받는 것이 유익하므로 사랑의 언어를 설명하는 다섯 장(2-6장)을 주의해서 읽기 바란다.

물론 당신의 자녀는 다섯 가지 언어 중 하나를 통해 사랑을 가장 많이 느낄 것이다. 그러나 사랑을 표현하는 다른 네 가지 방법도 자녀에게 유익할 것이다. 덧붙여 말하면 시간이 지나면서 자녀의 제1의 사랑의 언어는 얼마든지 변할 수 있다.

이러한 이유 때문에 각 장은 자녀를 위한 사랑의 언어의 중요성을 자세히 지적한다. 만일 어떤 장에 묘사된 것이 자녀의 제1의 사랑의 언어가 아닐지라도 그 언어를 표현하는 법을 배워라. 5가지 사랑의 언어를 모두 연습하라. 그러면 자녀가 당신의 사랑을 느끼게 할 수 있을 것이다. 물론 자녀의 제1의 사랑의 언어를 알아내어 그것을 표현하는 것이 가장 중요하다.

이 책은 자녀 양육에 사랑이 중요하다는 것을 강조한다. 자녀들을 잘 양육하는 궁극적인 목적은 성숙한 어른이 되게 하는 것이다. 아동의 각 발달 과정에는 반드시 사랑이 기초가 되어야 한다. 예를 들어, 아이가 분노의 감정을 갖고 있어도 당신의 사랑을 느끼면 그것을 긍정적으로 표출할 수 있다. 아이가 당신의 사랑이 신실하고 지속적임을 느낀다면 당신의 제안을 좀 더 신중하게 받아들일 것이다. 자녀들이 분노의 감정을 가질 때 그것을 잘 처리하는 방법을 가르칠 책임이 부모에게 있다는 것을 아는 사람은 거의 없다.

10장에서 언급한 대로 어린아이나 청소년들에게 분노의 감정을 잘 처리하도록 교육시키는 것이 부모의 역할 중 가장 힘든 부분이다. 이 일을 잘하기 위해서는 사랑이 필요하다. 흥미롭게도 자신의 십대 자녀가 분노를 잘 조절할 수 있도록 도와줄 줄 아는 부모는 자녀와 보다 친밀한 관계를 유지한다.

이 책은 자녀들에게 사랑을 더 잘 전달하는 법을 가르치는 책으로서, 좋은 부모가 되는 길을 제시한다. 당신이 이런 중요한 사실들을 알게 될 때 가족 관계는 더 견고해지고 안정되며 행복해질 것이다. 예를 들면, 훈계에 대한 내용(8장)에서 당신은 '상냥하게'와 '엄격하게'라는 두 단어를 명심해야 한다는 것을 알게 될 것이다. 사랑이 허다한 죄를 덮는 것처럼 엄격하면서도 상냥하게 대하는 것은 탄력성 있는 안전망을 구축시킬 것이다. 그리고 엄격하면서도 상냥한 태도를 어떻게 지속시킬 수 있는지 논의할 것이다.

아울러 이 책은 자녀들에게 5가지 사랑의 언어를 표현하는 데 도움을 주는 '실천 계획'으로 매듭을 짓는다. 그리고 이 '실천 계획'은 이 책의 내용을 적용하는 데 도움이 될 것이다.

이제, 사랑의 언어를 배우는 '언어 훈련 과정'을 시작하기 전에 두 저자의 말을 먼저 들어보자.

게리 채프먼

『5가지 사랑의 언어』는 매우 반응이 좋았다. 수많은 부부가 그 책을 읽을 뿐 아니라, 실제로 그 책의 원리를 실천했다. 사랑의 언어가 자신들의 결혼 생활에 많은 변화를 가져다주어 감사하다는 편지를 세계 곳곳에서 받고 지금 내 서랍에 가득 차 있다. 그들 대부분은 배우자의 사랑의 언어를 배운 후 갑자기 집안 분위기가 달라졌다고 했다. 어떤 이는 이것이 그들의 결혼 생활을 위기에서 구해주었다고 했다.

결혼 생활 세미나를 계속 인도하면서, "언제 자녀의 사랑의 언어를 쓰실 계획입니까?"라는 질문을 자주 받았다. 많은 부모들이 사랑의 언어를 자녀들에게도 적용해보았다는 소식을 접했지만 내 전공이 결혼 상담과 부부 생활 강화에 중점을 두었기에 자녀를 위한 글은 마지못해 쓰게 되었다.

출판사로부터 연락을 받고 나는 오랜 친구인 로스 캠벨에게 함께 집필할 것을 요청했고, 그는 기쁘게 받아들였다. 로스는 어린이와 사춘기 청소년들을 위한 정신 의학 분야에 30년 이상 종사하고 있다. 나는 오래 전부터 그가 하는 일을 존경해 왔으며 그가 쓴 책의 도움을 받기도 했다. 수년 동안 그와 개인적인 교류를 맺어온 것을 고맙게 여긴다.

이제 이 책이 완성되는 것을 보며 우리가 경험을 함께 나눌 수 있다는 것이 무척 기쁘다. 우리는 각자에게 할당된 부분을 썼고 이를 캐롤 스트리터가 편집했다. 나는 그 결과에 매우 만족한다.

『5가지 사랑의 언어』가 많은 부부에게 도움을 주었듯, 본서가 많은 부모나 교사들이 좀 더 효과적으로 아이들을 사랑하는 데 도움을 주기 바라고 또한 기도한다.

로스 캠벨

　게리 채프먼과 나는 20년 이상 사랑에 대한 글을 쓰고 강연도 했다. 게리가 부부 관계에서 깊은 의미를 발견하는 데 도움을 준다면, 나는 생명과 같이 중대한 일인 자녀 양육에 대해 글을 쓰며 세미나를 인도해왔다. 20년 이상 게리와 친분 관계를 맺어왔지만 우리가 하는 일이 이렇게 비슷한 줄은 미처 몰랐다. 그의 책 『5가지 사랑의 언어』를 읽고서야 이러한 사실을 알게 되었다. 그의 책 『5가지 사랑의 언어』와 나의 책 『진정한 자녀 사랑』과 『십대 문제 부모 고민』은 서로 격려하며 지지하는 관계다.

　게리의 책에서 내가 특히 좋아하는 강조점은 우리 모두 제1의 사랑의 언어를 가지고 있다는 사실이다. 만일 배우자나 우리 자신의 사랑의 언어를 알게 된다면 우리의 결혼 생활을 풍성하게 할 수 있다. 아이들도 자신들의 방식대로 사랑을 주고받기 때문에 이러한 원리는 아이들에게도 적용된다.
　이렇게 중요한 책을 게리와 함께 쓰게 된 것이 무척 고맙다. 이 책이 사랑하는 자녀들의 깊은 욕구를 충족시키기 위해 애쓰는 부모와 그 밖의 많은 사람들에게 도움을 줄 것이라 믿는다. 이제 우리 자녀들의 5가지 사랑의 언어를 살펴보기 바란다.

차례

역자 서문 5
서문 7

The Five Love Languages of Children

1. 사랑이 기초다   15
2. 사랑의 언어 #1 스킨십   35
3. 사랑의 언어 #2 인정하는 말   51
4. 사랑의 언어 #3 함께하는 시간   67
5. 사랑의 언어 #4 선물   83
6. 사랑의 언어 #5 봉사   99
7. 자녀의 제1의 사랑의 언어 발견하는 방법   117

The Five Love Languages of Children

8. 훈계와 사랑의 언어   135
9. 학습과 사랑의 언어   159
10. 분노와 사랑   177
11. 한부모 가정에서 사랑의 언어 표현하기   199
12. 결혼 생활에서 사랑의 언어 표현하기   215

에필로그   233
자녀의 5가지 사랑의 언어 실천 계획   241

THE FIVE LOVE
LANGUAGES OF CHILDREN

1
사랑이 기초다

　데니스와 브렌다는 여덟 살짜리 아들 벤의 문제가 무엇인지 도무지 알 수 없었다. 그는 숙제도 스스로 하는 아이였는데 올해는 학교 생활이 신통치 않다. 선생님이 문제를 풀라고 하면 추가 설명을 요구하며 하루에 여덟 번이나 손을 든 적도 있다. 청각 장애나 독해력에 문제가 있는 것은 아닐까? 데니스와 브렌다는 벤에게 청력 테스트를 시켰고 학교 상담 선생님은 독해력 테스트를 시켰다. 그 결과 벤의 청력은 정상이었고 독해력 역시 평균 3학년 수준이었다.

　벤의 다른 행동들도 부모를 당황하게 했다. 어떤 때는 그의 행동이 거의 반사회적인 수준이었다. 담임 선생님이 순서를 정해 돌아가면서 반 학생들과 점심을 같이했는데 가끔은 벤이 다른 아이들을 밀어제치고 선생님 곁으로 갔다. 휴식 시간에 친구들과 있다가도 선생님이 운동장에 나타나기만

하면 얼른 다가가서 선생님 손을 잡으려고 애썼다.

벤의 부모는 세 차례나 선생님과 상담을 했지만 이유를 알 수 없었다. 1, 2학년 때는 스스로 밝게 무엇이든지 잘했는데 3학년이 되면서부터 어처구니없이 '집착하는 행동'을 보였다. 누나와도 너무 자주 싸웠다.

이 부부가 내가 진행하는 세미나에 참석했을 때는 이미 벤을 주체할 수 없는 지경이었다. 그들은 "채프먼 박사님, 세미나가 결혼 생활에 대한 것이지만 제게 어떤 해결책을 주시리라 생각해요."라며 벤의 행동을 설명했다.

나는 이 부부에게 올해 들어 생활에 변화가 있었는지 물었다. 세일즈맨인 데니스는 일주일에 이틀 저녁을 제외하고는 보통 저녁 6시에서 7시 30분 사이에 집에 왔고 주로 서류를 정리하거나 TV를 보았다. 주말에는 미식축구 경기를 보러 가는데 종종 벤과 함께 간다고 했다. 하지만 올해는 그렇게 하지 못했다고 했다.

나는 브렌다에게 물었다. "브렌다, 당신은 어땠어요? 지난 몇 개월 동안 당신 생활에 무슨 변화는 없었나요?" "있어요." "벤이 유치원에 들어간 후 3년간 파트타임으로 일했어요. 그런데 올해부터 직장을 갖게 되어 이전보다 더 늦게 퇴근해요."

세미나를 계속하면서 나는 벤에게 일어난 내면의 변화를 알 수 있을 것 같았다. 그래서 나는 "결혼 생활 세미나지만 이 원리를 벤과의 관계에 어떻게 적용할 수 있을지 세미나가 끝날 때 좀 알려주세요."라고 제안했다. 그들은 좀 당황하는 듯했지만 받아들였다.

세미나가 끝나자 데니스와 브렌다는 무엇인가 굉장한 발견을 한 듯 내게 달려왔다. 그리고 브렌다가 "채프먼 박사님, 벤에게 무슨 일이 있었는지 알 것 같아요."라고 말했다. "박사님이 5가지 사랑의 언어에 대해 말할 때 저희 부부는 벤의 제1의 사랑의 언어는 함께하는 시간이라고 생각했어요. 지난 3, 4개월을 곰곰이 생각해보니 벤과 시간을 거의 보내지 못했더군요. 제가 파트로 일할 때는 매일 학교로 벤을 데리러 갔고 집으로 오는 길에 함께 볼일을 보면서 공원에 들르기도 하고 간식도 사 먹고 숙제도 봐주었어요. 그런데 제가 직장에 다니면서 모든 것이 변했어요. 저는 벤과 거의 시간을 함께하지 못했어요."

그러자 데니스도 나를 바라보며 말했다. "전에는 벤과 가끔 미식 축구 경기도 관람했는데 올해는 그러지 못했어요. 사실 지난 몇 개월간 벤과 저는 한 번도 함께 시간을 보낸 적이 없어요."

나는 그들에게 다음과 같이 말했다. "두 분은 벤의 정서적 욕구를 충족시킬 그 무엇을 찾은 것 같군요. 두 분이 벤이 갈망하는 사랑의 욕구를 충족시켜 준다면 행동이 달라질 것입니다." 그리고 함께하는 시간으로 사랑을 전달할 수 있는 몇 가지 방법을 일러주며 부부가 함께 계획을 세우도록 격려했다. "그 밖의 다른 요인이 있을 수 있지요. 하지만 함께하는 시간을 많이 갖고 가끔씩 네 가지 사랑의 언어도 해준다면 벤의 행동이 급격하게 변화되는 것을 볼 수 있을 것입니다."

그 후 나는 그들을 까마득히 잊고 있었다. 그리고 약 2년 후 세미나 때문에 다시 위스콘신에 갔을 때 그 부부를 다시 만났다. 그들은 내게 다가와 그때 일을 상기시켜 주었다. 그들은 미소를 지으며 나를 껴안고 세미나에 초대한 자기 친구들을 소개했다.

나는 벤에 대해 물었다. 그러자 그들은 미소를 지으며 대답했다. "벤은 굉

1. 사랑이 기초다   17

장히 잘 있습니다. 박사님이 시키신 대로 의식적으로 벤과 함께하는 시간을 가졌더니 2, 3주도 되지 않아 벤의 행동이 놀랍게 변했습니다. 부정적인 행동은 물론 식당에서도 선생님 주변에 있는 아이들을 밀지 않고 계속 질문하는 일도 없어졌습니다." 그리고 브렌다가 세미나 이후 남편과 함께 벤의 '사랑의 언어'를 사용하기 시작했다고 설명해 주었다.

벤의 이야기는 나로 하여금 이 책을 쓸 용기를 주었다. 사랑의 언어에 관한 나의 첫 책은 우리가 배우자의 제1의 사랑의 언어를 알고 사용할 때 배우자가 어떻게 사랑을 느끼는가에 대한 것이었다. 그리고 이 책 『자녀의 5가지 사랑의 언어』의 한 장은 자녀의 사랑의 언어를 알아내는 것에 대한 내용이다. 이제 로스 캠벨과 나는 이 5가지 사랑의 언어가 어떻게 당신 자녀가 사랑받는다고 느끼게 하는지 고찰할 것이다.

자녀의 제1의 사랑의 언어를 표현하라는 말은 그래야만 자녀가 커 가면서 반항하지 않는다는 의미가 아니다. 이것은 자녀가 당신이 자기를 사랑한다는 것을 알고 안정감을 느끼며 소망을 갖는다는 말이며 자녀가 책임감 있는 어른으로 성장하는 데 도움을 줄 수 있다는 말이다. 즉 사랑이 기초라는 뜻이다.

자녀들을 양육하면서 일어나는 모든 문제는 부모와 자녀 간의 사랑에 따라 달라진다. 자녀에게 사랑의 욕구가 충족되지 못하면 자녀는 아무것도 할 수 없다. 진정으로 사랑받고 보살핌을 받는다고 느끼는 아이만이 최선을 다할 수 있다. 그러나 만일 당신이 자녀를 사랑한다 해도 자녀가 그것을 느끼지 못한다면 - 당신이 그들이 이해하는 사랑의 언어를 사용하지 않는다면 - 그들은 사랑받고 있다는 것을 느끼지 못할 것이다.

감정의 탱크 채우기

자녀의 사랑의 언어로 말함으로써 그들의 '감정의 탱크'를 사랑으로 채울 수 있다. 그들의 '감정의 탱크'가 비었을 때보다 그들이 사랑받고 있다고 느낄 때 훈계하기가 훨씬 수월하다. 모든 아이는 유아기나 사춘기의 반항하는 시기에 자기를 지탱해주는 감정의 저장 탱크를 가지고 있다. 자동차에 기름을 채워야 차가 힘을 받는 것처럼 우리 자녀들도 감정의 탱크가 채워져야만 그들의 잠재력을 발휘할 수 있다.

그렇다면 이 탱크를 무엇으로 채워야 할까? 물론 사랑으로 채워야 한다. 이 사랑은 우리 자녀가 자라서 잘 활동할 수 있게 만드는 특별한 종류의 사랑이다. 우리는 이른바 '무조건적인' 사랑으로 자녀들의 감정의 탱크를 채워 주어야 한다. 왜냐하면 진정한 사랑은 언제나 무조건이기 때문이다. 무조건적인 사랑은 자녀가 무엇을 하든 상관하지 않고 그들을 있는 그대로 받아들이고 인정하는 것이다.

부모들이 종종 조건적인 사랑을 나타낼 때가 있다. 참으로 슬픈 일이다. 조건적인 사랑은 아이 자체보다 다른 것, 곧 그들의 행위에 근거를 두고 베풀어지는 것이며 이것은 종종 아이들이 바람직한 행동을 하면 선물이나 상품, 혹은 특권을 주는 훈련 기법과 관계가 있다.

물론 자녀들을 교육하고 훈련하는 것은 필요하지만 그 일도 그들의 감정의 탱크가 먼저 채워진 후에 해야 한다. 그들의 감정의 탱크는 아주 좋은 연료로 채워져야 한다. 그것이 바로 무조건적인 사랑이다. 자녀들은 누구나 채워지길 고대하는 '감정의 탱크'를 가지고 있다(이것은 곧잘 고갈되기 때문에 정기적으로 계속 채워져야 한다). 무조건적인 사랑만이 분노, 사랑받지 못한 데서 오는 감정, 죄책감, 공포, 불안감 등의 문제들을 제거할 수 있다. 자녀들에게 무조건적인 사랑을 줄 때만 그들을 깊이 이해할 수 있으며 그들의 행동이 좋든 나쁘든 그들의 행동을 잘 다룰 수 있다.

몰리는 중산층 가정에서 성장했다. 아버지는 가까운 곳에서 직장 생활을 하고 어머니는 파트타임 일을 하는 것 외에는 집에서 거의 살림만 했다. 부모가 가정과 가족을 소중히 여기며 열심히 사는 사람들이었다. 아버지가 저녁 식사를 준비하는 날이면 어머니와 몰리가 함께 설거지를 한다. 토요일은 식구들이 집안의 자질구레한 일들을 하고 저녁으로 핫도그나 햄버거를 먹는다. 일요일 아침에는 교회에 가고 저녁에는 친척들과 즐거운 시간을 보내곤 한다.

동생과 몰리가 어렸을 때 부모님은 거의 매일 밤 책을 읽어 주었다. 이들이 학교에 다니게 되자 학교 공부를 열심히 할 수 있도록 도와주었다. 부모들이 대학에 다니지 못했기 때문에 자녀들은 꼭 대학에 보내려 했다.

몰리가 고등학교 2학년 때, 스테파니라는 친구가 있었다. 학교에서 거의 같은 과목을 수강하고 점심도 나누어 먹었다. 그러나 서로의 집을 왕래하지는 않았다. 왕래가 있었다면 큰 차이를 발견했을 것이다. 스테파니의 아버지는 가족을 충분히 부양할 만큼 돈을 잘 버는 회사원이었다. 그는 직장 일로 거의 대부분의 시간을 가족과 떨어져 지냈다. 어머니는 간호사였다. 동생은 집을 떠나 사립학교에 다녔다. 스테파니도 기숙사가 있는 사립학교에 다녔는데 우겨서 이곳 공립학교로 전학온 것이었다. 아버지는 출장을 자주 가고 어머니 역시 일이 많아 식사는 거의 밖에서 했다.

　스테파니가 조부모댁 근처에 있는 대학에 가기 위해 예비 학교에 입학하기 전인 9학년(중 3)까지 둘은 친구로 아주 잘 지냈다. 헤어진 첫해에는 서로 편지를 주고받았다. 그러나 얼마 후 스테파니에게 남자 친구가 생겼고 편지 왕래가 소원해지면서 소식이 끊겼다. 몰리도 다른 친구들을 사귀면서 새로 전학 온 남학생과 데이트를 하기 시작했다. 때문에 스테파니의 가족이 모두 이사간 후에는 그녀의 소식을 전혀 듣지 못했다.

　그 후 스테파니는 결혼하여 아이를 하나 낳고 마약 밀매 혐의로 수감되었고 남편은 그녀를 떠났다. 만약 몰리가 이 소식을 들었다면 무척 슬퍼했을 것이다. 스테파니와 달리 몰리는 아이 둘을 낳고 행복한 결혼 생활을 하고 있었다.

　어린 시절의 두 친구가 이토록 서로 다른 삶을 살게 된 원인은 무엇일까? 대답이 한 가지일 수는 없지만, 언젠가 스테파니가 자기를 치료하는 사람에게 했던 말에서 그 원인 중 하나를 알 수 있다. "저는 한 번도 부모의 사랑을 받는다고 느껴본 적이 없습니다. 친구들에게 사랑받고 싶어서 마약에 손을 댔습니다." 그러면서도 스테파니는 자기 자신을 이해하려고 노력할 뿐 부모님을 원망하지 않았다.

　당신은 스테파니가 한 말을 이해했는가? 이는 부모가 그녀를 사랑하지 않았다는 말이 아니다. 그녀가 사랑받는 것을 느끼지 못했다는 말이다. 대부분의 부모는 자녀를 사랑하고, 자녀가 사랑받는다는 것을 느끼기 바라지만 그런 감정을 어떻게 적절하게 전달해야 하는지 아는 사람은 거의 없다.

분명한 것은 부모가 무조건적으로 자녀를 사랑하는 법을 배울 때 자녀들도 자신들이 얼마나 많은 사랑을 받고 있는지 알게 된다는 것이다.

자녀가 사랑받는다고 느낄 때

현대 사회에서는 정서적으로 건강한 자녀를 양육하기가 어렵다. 수많은 도시와 마을에서 일어나는 폭력이 부모들로 하여금 자녀들의 성장에 악영향을 끼치지 않을까 고심하게 만든다. 부모들에게 희망의 말을 하는 것도 바로 이런 현실 때문이다. 나는 당신이 자녀들과 사랑의 관계를 갖기 바란다. 이 책은 바로 부모가 해야 할 가장 중요한 일, 즉 자녀들의 사랑의 욕구를 충족시키는 데 중점을 두고 있다. 자녀들이 부모에게 진실로 사랑받는다고 느낀다면 그들은 삶의 구석구석에서 부모의 지도를 잘 따를 것이다. 이 책이 당신이 자녀들에게 더 많은 사랑의 경험을 갖게 하도록 도움을 주기 바란다. 그러한 경험은 그들이 이해하고 응답할 수 있는 사랑의 언어를 표현할 때 일어날 것이다.

한 아이가 사랑받는다고 느끼게 하려면 그의 독특한 사랑의 언어를 사용해야 한다. 모든 아이는 사랑을 느끼는 자신만의 독특한 방식이 있다. 아이들이(사실 모든 어른도 해당된다) 사랑의 감정을 전달하고 이해하는 데는 기본적으로 다섯 가지 방법이 있다.

즉 스킨십, 인정하는 말, 함께하는 시간, 선물, 봉사다. 만일 자녀가 많은 가정이라면 아이들 모두 개성이 다르기 때문에 서로 다른 사랑의 언어를 표현할 기회가 많고 또한 여러 가지 사랑의 언어를 들을 수 있다.

'있는 모습 그대로' 사랑하기

자녀가 가장 잘 이해하는 사랑의 언어가 어떤 것이든 무조건적인 사랑을 표현하는 것이 필요하다. 무조건적인 사랑은 우리가 자녀를 양육할 때 부모로서 어떤 자리에서 무엇을 해야 하는지를 알려주는, 어둠을 비추는 서광과 같다. 이런 사랑이 없다면 부모 노릇 하기가 무척 당혹스럽고 혼란스러울 것이다. 그러므로 자녀의 5가지 사랑의 언어를 살펴보기 전에 먼저 무조건적인 사랑의 특성과 중요성을 살펴보자.

무조건적인 사랑은 아이를 있는 그대로 사랑하는 것이다. 즉 아이의 장점이나 결점, 장애와 상관없이, 부모가 자녀에게 기대하는 것과도 관계없이 사랑하는 것이다. 좀 힘들기는 하지만 자녀가 어떤 행동을 하든지 사랑하는 것이다. 자녀들의 모든 행동을 좋아하라는 말이 아니다. 설사 마음에 들지 않더라도 언제나 변함없이 자녀에게 사랑을 보여주라는 말이다.

혹 이것이 모든 행동을 허용하라는 말처럼 들리는가? 당연히 아니다. 우선순위를 정하라는 말이다. 자녀들을 효율적으로 교육하거나 훈계하기 전에 먼저 그들의 감정의 탱크를 채워주어야 한다. 사랑의 탱크가 충분히 채워진 아이들은 화를 내지 않아도 부모의 지시에 잘 따른다.

이렇게 하면 '버릇없는' 아이가 될까봐 걱정하는 사람이 있는데, 이는 잘못된 생각이다. 무조건적인 사랑을 너무 많이 받는 아이는 없다. 아이가 훈계를 받지 못해서, 혹은 적절하지 못한 사랑 때문에 '버릇없는' 아이가 될 수는 있다. 그러나 진실하고 무조건적인 사랑은 절대로 '버릇없는' 아이를 만들지 않는다. 왜냐하면 부모가 자녀들에게 무조건적인 사랑을 너무 많이 주는 것이 불가능하기 때문이다.

이런 원리는 당신이 지금까지 생각했던 것과 다르기 때문에 받아들이기 힘들 수 있다. 어떤 경우에는 자녀들에게 무조건적인 사랑을 주는 것이 쉽지 않을 것이다. 하지만 자녀들에게 이런 사랑을 주고 그 유익을 알게 되면 조금 수월해질 것이다. 당신의 사랑이 자녀를 환경에 잘 순응하는 행복한 아이로 만들 수도 있고, 불안하고 성을 잘 내고 가까이하기 힘든, 성숙하지 못한 아이로 만들 수도 있다고 생각하며 부디 잘 참고 자녀들에게 가장 좋은 것을 주기 바란다.

지금까지 이런 식으로 자녀를 사랑하지 않았다면 처음에는 좀 힘들 수 있다. 그러나 무조건적인 사랑을 통해 놀라운 효과를 깨닫고 나면, 다른 인간관계 속에서도 사랑을 주는 사람이 될 수 있다. 물론 완전한 사람은 없기 때문에 언제나 무조건적인 사랑을 줄 수는 없다. 하지만 목표를 정하면 어떤 상황에서든 지속적으로 사랑할 수 있다.

다음 7가지 사항을 자주 상기하면 도움이 될 것이다.

1. 그들은 아이들이다.
2. 그들은 늘 아이처럼 행동한다.
3. 아이들의 행동은 못마땅할 때가 많다.
4. 그들의 못마땅한 행동에도 불구하고 부모가 할 도리를 다하고 그들을 사랑하면, 크면서 그런 행동을 하지 않을 것이다.
5. 나를 기쁘게 할 때만 그들에게 사랑을 표현한다면(조건적인 사랑) 그들은 진정으로 사랑받는다고 느끼지 못할 것이다. 그러면 그들의 자아상

에 손상을 입히고 그들을 불안하게 만들어 스스로 자신을 조절하지 못하며 성숙한 행동을 하지 못하게 된다.
6. 나의 요구나 기대에 부응할 때만 사랑을 준다면 그 사랑은 충분치 않아 아이들이 스스로 무능하며 최선을 다해도 소용없다고 느낄 것이다. 그들은 언제나 불안정, 불안, 낮은 자존감, 분노 등에 시달릴 것이다. 이것을 방지하기 위해 그들의 전반적인 성장에 대한 책임이 내게 있음을 상기해야 한다(더 자세히 알고 싶으면 로스 캠벨의 『진정한 자녀 사랑』을 읽기 바란다).
7. 무조건적으로 그들을 사랑하면 그들은 편안함을 느낄 것이며 어른이 되면서 생기는 불안감이나 불안정한 행동 등을 잘 통제할 수 있다.

물론 자녀들의 나이에 맞는 적절한 행동이 있다. 십대들은 어린아이들과 다르게 행동한다. 즉 열세 살 아이는 일곱 살 아이와 다르게 반응할 것이다. 하지만 그들이 성숙한 어른이 아니라 여전히 아이라는 사실을 기억해야 한다. 그러므로 때로는 실수도 할 수 있다. 그들이 성장하면서 배울 수 있도록 당신이 인내하는 모습을 보여라.

그 밖에 필요한 것들

이 책은 사랑에 대한 자녀들의 욕구와 그것을 어떻게 충족시킬 것인가에 중점을 둔다. 왜냐하면 그들에게 가장 중요한 것이 정서적 욕구고 이것이 우리와 그들과의 관계에 큰 영향을 미치기 때문이다. 특히 신체적인 욕구와 같은 것들은 좀 더 쉽게 알아내어 충족시켜 줄 수 있지만 그것이 만족을 주거나 자녀의 삶을 변화시키는 것은 아니다. 물론 부모로서 자녀들의 의식주를 해결해주어야 한다. 하지만 자녀들의 정신적, 정서적 성장이나 건강 또한 책임져야 한다.

'건강한 자존감'이나 적합한 자기 가치 의식에 대한 책이 많다. 지나치게 자기 본위로 생각하는 아이는 자신이 하나님께서 이 세상에 보낸 선물이며, 자기가 원하는 것은 무엇이나 할 수 있으므로 다른 사람들보다 우월하다고 생각할 것이다. 반면 자기를 비하하는 아이는 "나는 다른 아이처럼 똑똑하지 않고, 운동도 못하고, 예쁘지도 않아."라거나 "나는 할 수 없어."라는 말을 입버릇처럼 계속하다가 결국에는 "나는 못했어." 하는 아이가 되고 만다. 그러므로 부모가 가장 힘써야 할 일은 우리 자녀들이 건강한 자존감을 개발하여 특별한 재능과 능력을 가진 사회의 중요한 일원으로 창의적인 일을 할 수 있도록 도와주는 것이다.

자녀들의 또 다른 보편적 욕구는 '안정과 안전'이다. 불확실한 이 세상에서는 자녀들에게 안정감을 심어주기가 점점 더 어렵다. 많은 부모가 자녀들에게 "나를 버릴 건가요?"라는 질문을 받는다. 친구들의 부모가 그들을 떠났다는 소식을 듣는 것은 정말 슬픈 일이다. 부모 중 한쪽이 집을 나갔다면 다른 한쪽도 자기를 떠날 거라 생각하며 두려워한다.

아이들은 모든 사람을 똑같은 가치를 지닌 인간으로 대하고 균형 있게 서로 주고받으며 친구를 사귀는 '대인 관계 기술'을 개발해야 한다. 사람과의 관계가 원만하지 못하면 혼자 움츠러들고 그 상태로 어른이 될 위험이 있다. 이러한 대인 관계 기술이 부족한 아이는 자기 목적을 이루기 위해 다른 사람을 제치고 일어서는 추악한 사람이 될 수도 있다. 대인 관계 기술에서 가장 중요한 점은 권위에 바른 태도를 취하는 것이다. 인생의 성공이란 권위를 이해하고 존중하는 것과 관계가 있다. 이런 능력이 없다면 그 밖의 다른 능력은 별로 의미가 없다.

부모들은 자녀들이 타고난 능력을 발휘할 때 맛보는 내적 만족감이나 성취감을 느끼도록 그들의 특별한 재능을 잘 개발하도록 도와주어야 한다. 즉 자상한 부모는 적절하게 당기고 격려할 줄 알아야 한다.

사랑이 제일이다

사랑 외에도 자녀들에게 필요한 것이 많이 있지만 이 책은 사랑에 중점을 둘 것이다. 자녀들에게는 사랑에 대한 욕구가 다른 욕구의 기본을 이룬다. 사랑을 주고받는 법을 배우는 것은 사람들이 수고하여 열매를 맺게 하는 토양과도 같다.

유년기

유아기 아이는 우유와 부드러운 것, 그리고 단호한 태도와 사랑을 구분하지 못한다. 음식이 없으면 아이들이 굶어 죽는 것처럼 사랑이 없으면 정서적으로 굶주려 삶이 비참해진다. 아이의 정서적인 토대, 특히 아이와 어머니와의 관계는 생후 18개월 안에 형성된다는 중요한 연구 보고가 있다. 따라서 아이가 정서적으로 건강하게 자라기 위해서는 스킨십, 상냥한 말, 사랑스러운 보살핌과 같은 '정서적 음식'이 필요하다.

아이가 걸음마를 배우고 자신의 정체성에 대한 의식이 생기면 사랑하는 것들로부터 자신을 구분하기 시작한다. 설령 그 전이라도 어머니가 아이의 시야를 벗어나면 아이는 자기가 의지하던 사람들로부터 스스로를 분리하는 능력을 갖게 된다. 점점 외출이 잦아지면서 아이들은 적극적으로 사랑하는 것을 배운다. 그리고 사랑을 수동적으로 받기만 하는 것이 아니라 사랑에 반응하게 된다. 하지만 이 능력은 자신을 주는 것이 아닌, 사랑을 받는 능력이다. 아이가 계속해서 사랑을 받으면 줄 수 있는 사랑도 점진적으로 증가된다.

태어나서 처음 받는 사랑은 아이가 새로운 정보를 배우고 판단하는 능력에 상당한 영향을 미친다. 대부분의 아이들은 정서적으로 아직 배울 준비가 되지 않은 채 학교에 간다. 아이들이 자기 나이에 맞는 교육을 효과적으로 받으려면 먼저 정서적으로 그 수준에 도달해야 한다. 단순히 아이를 더 좋은 학교에 보내거나 선생님을 바꾸는 것은 해결책이 아니다(사랑과 학습에 대해 좀 더 알고 싶으면 9장을 보라).

청소년기

자녀의 사랑의 욕구를 충족시켜 주는 것은 말처럼 그렇게 단순하지 않다. 사춘기가 시작되면 더욱 그렇다. 사춘기 때는 그 시기가 주는 많은 위험 요소가 있다. 특히 감정의 탱크가 비어 있는 아이들은 십대에 경험하게 되는 여러 가지 문제들로 쉽게 상처를 받는다.

조건적인 사랑을 받으며 자란 아이들은 그런 방식으로 사랑을 배운다. 사춘기가 되면서 그들은 가끔 부모를 조종하고 통제할 것이다. 자기 기분이 좋을 때는 부모를 기쁘게 하지만 그렇지 않을 때는 부모를 실망시키기도 한다. 이러한 상황은 부모들을 몹시 힘들게 한다. 하지만 사춘기의 자녀들은 무조건적으로 사랑하는 법을 알지 못하기 때문에 이런 악순환은 아이들을 분노, 적개심, 탈선으로 빠지게 한다.

사랑과 자녀들의 감정

사람은 감정의 동물이다. 그래서 처음부터 세상을 감정적으로 이해한다. 어머니의 감정 상태가 태아에 영향을 미친다는 여러 연구 결과도 있다. 태아는 어머니가 느끼는 분노와 행복감에 반응한다. 그리고 출생 후 성장하는 과정에서도 부모들의 감정 상태에 극도로 민감하게 대응한다.

우리(캠벨) 집 아이들은 자신의 감정 상태보다 아버지의 감정 상태를 더 잘 알아차릴 때가 많다. 심지어 내 딸은 나 자신도 전혀 의식하지 못한 내 감정을 알아차린다. 아이는 가끔 "아빠, 무엇 때문에 그렇게 화가 났어요?" 하고 묻는다. 그리고 보면 낮의 일로 아직도 화가 풀리지 않았음을 깨닫곤 한다.

또 어떤 때는 "아빠, 뭐가 그렇게 행복해요?"라고 묻기도 한다. 그럴 때 "내가 기분이 좋은 것을 어떻게 아니?"라고 물으면 캐리는 "아빠가 아주 기분 좋게 휘파람을 불었잖아요."라고 이야기한다. 그런데 나는 휘파람을 분 것조차 몰랐다!

아이들은 정말 위대하지 않은가? 그들은 우리 부모들의 감정에 아주 민감하다. 우리의 사랑의 표현뿐 아니라 분노에도 말이다. 이 점에 대해서는 나중에 좀 더 다룰 것이다.

그러므로 우리는 자녀들이 이해하는 언어로 사랑을 전해야 한다. 가출하는 십대들은 자기를 사랑하는 사람이 아무도 없다고 생각한다. 대부분의 부모들은 자녀들을 사랑한다고 단언하지만 그 사랑을 효과적으로 전달하지 못한다. 부모들은 자녀들을 위해 식사를 준비하고, 빨래를 해주고, 필요한 곳에 데려다주고, 교육의 기회나 오락 시설도 이용하게 한다. 무조건적인 사랑이 선행된다면 이러한 것들은 효과적인 사랑의 표현이다.

하지만 이 모든 것이 가장 중요한 사랑을 대신할 수는 없다. 자녀들은 자신들이 가장 갈망하는 것을 받고 있는지 아닌지를 매우 잘 안다.

사랑을 전하는 방법

슬프게도 아이들은 자신이 무조건적인 사랑과 보살핌을 받고 있다고 거의 느끼지 못하지만 대부분의 부모들은 여전히 자녀들을 사랑한다. 왜 이런 모순이 생기는가? 바로 부모들이 자녀들에게 사랑을 전하는 방법을 잘 모르기 때문이다. 어떤 부모들은 자기의 사랑을 자녀가 당연히 알 거라 생각한다. 또 어떤 부모들은 "사랑한다."는 말로 사랑이 충분히 전달될 거라 생각한다. 그러나 불행하게도 이것은 사실이 아니다.

행동으로 사랑하라

사랑을 느끼고 이것을 말로 표현하는 것은 중요하다. 하지만 그것만으로는 자녀가 무조건적인 사랑을 받는다고 느끼지 못한다. 아이들은 말뿐 아니라 행동을 통해서도 자극을 받기 때문이다. 당신이 그들에게 무엇을 하든지 그들은 행동으로 반응한다. 따라서 그들에게 사랑을 전하려면 그들이 쓰는 용어나 그들이 하는 행동으로 표현해야 한다.

이렇게 접근하는 것이 부모들에게는 훨씬 더 편하다. 예를 들어, 몹시 기분 나쁜 날은 어느 누구에게도 사랑을 베풀고 싶지 않을 것이다. 하지만 사랑을 표현하는 행동은 할 수 있다. 왜냐하면 행동은 단순하기 때문이다. 즉 자녀들을 사랑하고 싶지 않은 순간에도 당신은 그들에게 사랑을 줄 수 있다.

이것이 정직한 행동인지, 혹시 자녀들이 당신의 마음을 들여다보는 것은 아닌지 염려할지 모른다. 물론 그들은 감정적으로 매우 민감하기 때문에 느낄 수도 있다. 그들은 당신이 사랑하고 싶지 않다는 것을 안다. 하지만 당신의 행동을 통해 사랑을 경험한다. 당신이 마음속으로 어떻게 생각하든지 그들을 사랑할 때 매우 고마워한다.

자녀들은 당신이 그들에게 어떻게 행동하느냐에 따라 자신들을 얼마나 사랑하는지 느낄 것이다. 이 점에 대해 사도요한은 다음과 같이 썼다. "자녀들아 우리가 말과 혀로만 사랑하지 말고 행함과 진실함으로 하자"(요일 3:18).

당신이 자녀에게 사랑을 표현하는 행동들을 열거해 보라. 종이 한 장을 넘길 수 있는가? 물론 방법이 많아야 하는 것은 아니다. 단순해도 괜찮다. 무엇보다 중요한 것은 자녀들의 '감정의 탱크'를 채우는 일이다. 아울러 사랑을 행동으로 표현하는 것은 스킨십, 인정하는 말, 함께하는 시간, 선물, 봉사로 구분된다는 것을 기억하기 바란다.

자녀의 사랑의 언어로 말하라

자녀의 사랑의 언어로 말하면 사랑에 대한 정서적 욕구가 충족될 것이다. 제1의 사랑의 언어만 표현하라는 말이 아니다. 아이들의 감정의 탱크를 충분히 채우려면 5가지 사랑의 언어가 모두 필요하다. 이는 부모들이 5가지 사랑의 언어를 모두 배워야 한다는 말이다. 다음 다섯 장에서 5가지 사랑의 언어를 어떻게 사용하는지 보여줄 것이다.

자녀들은 모든 종류의 사랑의 언어를 받아들일 수 있다. 하지만 대부분의 자녀들은 다른 언어보다 자기에게 더 크게 들리는 제1의 사랑의 언어를 가지고 있다. 그러므로 당신이 자녀들의 사랑의 욕구를 효과적으로 충족시키면서 그들의 제1의 사랑의 언어를 발견하는 것이 중요하다.

2장을 시작하면서 자녀의 사랑의 언어를 발견하는 방법을 알려줄 것이다. 하지만 자녀가 다섯 살 이하라면 제1의 사랑의 언어를 찾으려 하지 마라. 아이에게서 힌트는 얻을 수 있지만 제1의 사랑의 언어가 아주 명확하게 드러나는 경우는 거의 없다.

아이에게 5가지 사랑의 언어 모두를 표현하라. 부드럽게 만지고, 칭찬하며, 시간을 함께 보내고, 선물을 주고, 봉사하는 모든 것은 자녀들의 사랑의 욕구를 충족시킨다. 그리고 이런 욕구가 충족되어 자녀가 정말 사랑받고 있다는 것을 느끼면 다른 영역에서도 배우고 반응하기가 훨씬 수월해진다. 이러한 사랑은 아이가 가진 그 밖의 다른 욕구와도 결부된다.

자녀가 성장할수록 5가지 사랑의 언어를 모두 표현하라. 왜냐하면 아이들이 성장하는 데는 제1의 사랑의 언어뿐 아니라 5가지 사랑의 언어가 모두 필요하기 때문이다.

두 번째 주의 사항은 자녀의 사랑의 언어를 발견했고, 자녀가 필요한 사랑을 받고 있다 해도 아이의 모든 생활이 원만하게 돌아갈 거라는 생각은 버려야 한다는 것이다. 여전히 실패나 오해가 있을 수 있다. 하지만 자녀는 꽃과 같이 사랑을 먹고 자랄 것이다. 사랑의 물을 줄 때 아이는 꽃을 피우고 세상을 아름답게 장식할 것이다. 그런 사랑이 없다면 아이는 물을 구걸하는 시든 꽃이 될 것이다.

당신은 자녀가 보다 성숙해지기를 바라기 때문에 그들에게 모든 사랑의 언어를 보여주고 자녀들이 스스로 사랑의 언어를 사용할 수 있도록 가르칠 것이다. 이러한 가치관은 아이들뿐 아니라 서로 협동하며 살아가는 사람들에게도 필요하다. 성숙한 어른의 특징은 스킨십, 함께하는 시간, 인정하는 말, 선물, 봉사의 모든 사랑의 언어로 서로 감사의 마음을 주고받는 것이다. 그러나 대부분 한두 가지 언어로 사랑을 주고받을 뿐 사랑의 언어를 모두 표현하는 어른들은 거의 없다.

지금까지 당신도 그렇게 살아왔다면 이제부터는 이 책의 조언을 따를 것을 권한다. 그러면 대인 관계에서 당신이 사람들을 더 잘 이해하고 더 좋은 관계를 맺게 될 것이다. 그리고 조만간 당신의 가족은 여러 가지 사랑의 언어를 표현하게 될 것이다.

THE FIVE LOVE
LANGUAGES OF CHILDREN

2
사랑의 언어 #1 스킨십

사만다는 최근에 새 동네로 이사한 5학년 어린이다. "올해는 이사하고 새 친구를 사귀느라 참 힘들었어요. 이전 학교에서는 모든 아이와 친하게 지냈거든요." 부모가 이사하면서 아이를 전학시켰기 때문에 혹시 부모가 자기를 사랑하지 않는다고 생각하는 것은 아닐까 해서 물었다. 사만다는 "아니에요. 부모님은 저를 사랑하세요. 늘 저를 안아주고 키스도 많이 해주시거든요. 이사를 하는 것이 싫긴 했지만 어쩔 수 없잖아요. 아빠의 직장이 더 중요하니까요."라고 대답했다.

사만다의 사랑의 언어는 스킨십이다. 그에게는 엄마, 아빠가 만져주는 것이 곧 사랑해주는 것이다. 사만다에게는 안아주고 키스해주는 것이 사랑의 언어를 가장 잘 표현하는 방법이다. 그러나 다른 방법도 많다. 아빠는 한 살 된 아들을 공중으로 던져 올린다. 그리고 일곱 살 된 딸의 손을 잡고 빙

글빙글 돌린다. 엄마는 세 살짜리 아이를 무릎에 앉히고 책을 읽어준다.

이러한 스킨십은 부모와 자녀들 사이에 흔한 일이지만 당신이 생각하는 것만큼 빈번하지는 않다. 많은 부모가 자녀들의 옷을 입혀주고 벗겨줄 때, 혹은 차에 태울 때나 침대에 눕힐 때만 접촉한다. 대부분의 부모는 자녀들이 얼마나 스킨십을 필요로 하는지, 그들의 사랑의 탱크를 무조건적인 사랑으로 채우는 데 이 방법이 얼마나 유용한지 모르는 것 같다.

스킨십은 가장 쉽게 사용할 수 있는 사랑의 언어다. 왜냐하면 부모들에게는 스킨십을 위한 특별한 주의가 필요하지 않기 때문이다. 부모들은 자녀들과 접촉함으로써 그들의 마음에 사랑을 전달할 수 있다. 그것은 안아주고 입 맞추는 것에 한정되지 않는다. 모든 종류의 스킨십을 포함한다. 부모들이 아무리 바쁘더라도 자녀의 등이나 팔이나 어깨를 가볍게 만져줄 수는 있다.

어떤 부모들은 아주 적극적으로 자녀들과 스킨십하고 또 어떤 부모들은 이를 매우 꺼린다. 혹은 자신들이 어떤 형태의 스킨십을 하는지 알아차리지 못하거나 그것을 어떻게 바꾸어야 하는지 모르기 때문에 한정된 스킨십만 반복한다. 그러면서 이렇듯 단순한 방식으로도 사랑을 표현할 수 있다는 것을 알고 몹시 기뻐한다.

프레드는 네 살짜리 딸 재니가 자기를 멀리하고 자기와 함께 있는 것을 피하는 것 같아 고민했다. 프레드는 따뜻한 마음을 가진 사람이지만 겉으로 볼 때 말이 없고 감정을 잘 표현하지 않는다. 그에게는 스킨십으로 사랑을 표현하는 것이 어색했지만 재니와 좀 더 가까워지기 위해 태도를 바꿔 아이의 팔이나 등, 어깨를 가볍게 만지면서 사랑을 표현하기 시작했다. 이렇게 사랑을 표현하다보니 나중에는 아무렇지 않게 아이를 안아주고 뽀뽀해줄 수 있었다.

또한 스킨십을 자주 하면서 재니에게 아버지의 사랑이 많이 필요하다는 것을 절감하게 되었다. 아버지의 애정이 결핍되면 훗날 이성교제를 할 때 문제가 될 수 있다는 것도 이해하게 되었다.

스킨십에 대한 아이들의 욕구

이와 같이 프레드는 독특한 사랑의 언어의 능력을 알았다. 최근에 그와 똑같은 결론에 도달한 연구 보고들이 많이 있다. 즉 안아주고 뽀뽀해준 아기들은 스킨십 없이 오랫동안 지낸 아기들보다 훨씬 건강하게 정서적인 삶을 살아간다고 한다. 스킨십은 가장 강한 사랑의 소리 중의 하나다. 이는 바로 "너를 사랑해!"라고 크게 외치는 것이다.

오늘날에만 스킨십이 강조되는 것이 아니다. 히브리인들은 예수님께 자녀들을 데려와 품어달라고 했다. 마가는 예수님이 '중요한' 일로 바쁘신데 부모들이 자녀들을 데려와서 그들로 인해 시간을 허비할까봐 부모들을 나무랐다고 기록했다. 하지만 예수님은 오히려 제자들을 책망하셨다. "어린 아이들이 내게 오는 것을 용납하고 금하지 말라 하나님의 나라가 이런 자의 것이니라 내가 진실로 너희에게 이르노니 누구든지 하나님의 나라를 어린아이와 같이 받들지 않는 자는 결단코 그곳에 들어가지 못하리라 하시고 그 어린아이들을 안고 그들 위에 안수하시고 축복하시니라"(막 10:14-16).

7장에서는 자녀의 제1의 사랑의 언어가 무엇인지 알아볼 것이다. 그것이 스킨십이 아닐 수도 있다. 하지만 별로 문제가 되지 않는다. 모든 아이는 스킨십이 필요하다. 현명한 부모라면 자녀와의 스킨십이 얼마나 중요한지 안다. 그들은 조부모나 선생님이나 종교 지도자들과 같은 분들이 자녀의 머리를 쓰다듬거나 따뜻하게 안아주는 것이 필요하다는 것도 안다. 스킨십이 사랑의 언어인 자녀에게는 더 많이 필요하지만, 아이들이 사랑을 느끼게 하기 위해서는 모든 아이를 안아주고 어루만져주어야 한다.

많은 사람이 성희롱의 공포 때문에 건전한 스킨십조차 꺼린다. 참으로 불행한 일이다. 무론 일부 어른들은 왜곡되거나 지나친 성적 행동을 하기도 한다. 이런 행동을 하는 자들은 엄한 처벌을 받아야 한다. 하지만 아이를 안아준다고 모두 의심받아서는 안 되며, 적절한 애정 표현을 하지 못하게 하는 공포감도 버려야 한다. 당신은 자녀나 어린 친척 아이들이나 당신의 영향 아래 있는 아이들을 자유롭게 안아주어야 한다.

성장 과정의 스킨십

유아들과 취학 연령 전의 아이들

아이가 태어난 후 처음 몇 년간은 더많은 스킨십이 필요하다. 다행히 어머니들은 거의 본능적으로 아기를 껴안아주고 아버지들도 대부분 적극적으로 사랑을 표시한다.

하지만 현대 사회는 바쁘게 돌아가기 때문에 부모들이 받았던 사랑의 스킨십만큼 자녀들에게 해주지 못하는 실정이다. 그들은 오랜 시간 일을 하고 지쳐서 집에 들어온다. 어머니가 직장 생활을 한다면 아이 곁에 어머니

대신 자유롭게 사랑의 스킨십을 할 수 있는 사람을 두어야 한다. 아이를 돌본다는 것은 아이의 기저귀를 갈아줄 때, 수유를 할 때, 안아줄 때 사랑스럽고 부드럽게 만져주는 것을 의미한다. 유아라도 부드러운 접촉과 거칠고 기분 나쁜 접촉의 차이를 구분할 줄 안다. 그러므로 부모들은 아이들과 떨어져 있는 동안에도 어떻게 하면 아이에게 사랑을 줄지 고심해야 한다.

아이가 자라면서 더 활동적으로 변한다 해도 스킨십을 줄일 필요는 없다. 안아주고, 뽀뽀해주고, 방바닥에 굴리고, 씨름하고, 등에 태우는 등의 스킨십은 아이의 정서 발달에 반드시 필요한 것들이다. 자녀들은 매일 의미 있는 사랑의 스킨십을 받아야 한다. 그러므로 부모들은 매일 이러한 사랑을 표현해야 한다. 성향에 따라 스킨십이 거북할 수도 있다. 하지만 배우면 된다. 만일 우리가 부드러운 사랑의 스킨십의 중요성을 깨닫게 된다면 기꺼이 생각을 바꿀 것이다. 남자아이와 여자아이 모두 사랑의 스킨십이 필요하다. 부모들이 자녀들의 감정의 탱크를 충분히 채워 줄수록 자녀들은 자존감과 성 정체성을 건전하게 발달시킨다.

취학 연령의 자녀들

자녀가 학교에 들어가도 스킨십은 여전히 필요하다. 자녀가 아침에 학교에 갈 때 한번 안아주는 것만으로도 하루 종일 학교에서 안정감을 갖고 지내느냐 못하느냐에 차이가 난다. 아이가 집에 들어올 때도 한번 안아주면 저녁 시간을 정신적으로나 신체적으로 긍정적으로 활동하지만 그러지 않으면 부모의 관심을 끌기 위해 거친 행동을 하게 된다.

그 원인이 무엇일까? 아이들은 학교에서 매일 새로운 것을 접하며 이때 선생님이나 급우들에게 긍정적이거나 부정적인 감정을 지니게 된다. 그러므로 가정은 사랑이 보장되는 장소가 되어야 한다. 스킨십이 사랑을 가장 잘 전달할 수 있는 방법 중 하나라는 사실을 꼭 기억하기 바란다. 부모가 좀 더 자연스럽고 편안한 방법으로 자녀에게 사랑을 전달하는 데 익숙해지면 자녀들도 다른 사람들을 좀 더 쉽고 편하게 대할 수 있다.

"저에게는 아들이 둘 있는데 커 가면서 애정, 특히 스킨십을 별로 원하는 것 같지 않아요."라고 말하는 사람들이 있다. 하지만 이것은 사실이 아니다. 모든 자녀는 어린 시절이나 청소년기를 지낼 때 반드시 스킨십이 필요하다. 일곱 살에서 아홉 살까지의 남자아이들은 스킨십에 거부 반응을 보일 수 있다. 그러나 그들에게도 여전히 사랑의 스킨십이 필요하다. 그들은 레슬링을 하고 치고 받고 주먹을 휘두르고 힘차게 포옹하고 손바닥을 때리는 것과 같은 거친 접촉을 한다. 여자아이들도 이런 것들을 좋아하지만 남자아이들과 달리 부드러운 스킨십에도 거부 반응을 보이지 않는다. 또한 남자아이들처럼 애정을 거부하는 시기도 없다.

이 시기의 스킨십은 놀이를 통해서도 가능하다. 농구나 미식 축구, 축구 등이 스킨십을 가능케 하는 스포츠 경기들이다. 그러므로 자녀와 함께 뒷마당에서 게임을 할 때 당신은 '함께하는 시간'과 '스킨십'의 사랑의 언어를 표현하고 있는 것이다. 물론 스킨십이 그런 놀이에만 한정되는 것은 아니다. 손으로 아이의 머리를 쓰다듬거나, 친근하게 어깨나 팔을 부딪치거나, 등이나 다리를 치는 것 모두 자라는 아이들에게 사랑을 의미 있게 전달하는 방법이다.

부모들이 가장 좋아하는 사랑의 스킨십은 아이를 품에 안고 책을 읽어

주는 것이다. 이럴 때 부모들은 오랜 시간 아이와 접촉할 수 있고 아이는 일평생 기억할 수 있는 아주 의미 있는 추억을 얻게 된다.

스킨십은 아이가 아프거나 정신적, 감정적으로 상처를 입었을 때는 물론 기쁘거나 슬픈 일이 생겼을 때도 필요하다. 이런 경우 부모들은 남자아이들도 여자아이들과 마찬가지로 대해야 한다. 대부분의 남자아이들은 성장 기간 중 스킨십을 '여성적인' 것이라고 생각한다. 따라서 그들이 거부 반응을 보일 때 부모들은 거리를 두게 된다. 또 어떤 부모들은 남자아이들이 어느 시기에는 좀 무관심해주기를 바란다고 생각한다. 만일 이런 경험이 있는 부모라면 그들이 원하지 않는 것처럼 행동해도 그대로 믿지 말고 계속해서 그들에게 필요한 스킨십을 해주어야 한다.

사춘기로 접어드는 자녀들

자녀들이 성장하면 가장 어려운 시기인 사춘기가 온다는 사실을 기억하고 마음속으로 준비해야 한다. 자녀가 어릴 때 감정의 탱크를 채워주는 일은 비교적 수월하다. 물론 이때는 감정의 탱크가 빨리 비워지기 때문에 다시 채워주어야 한다는 것도 명심해야 한다. 반면 아이가 자람에 따라 감정적 사랑의 탱크도 커지기 때문에 그것을 채우기가 훨씬 어렵다. 이 시기의 남자아이들은 아빠보다 키도 더 크고 힘도 세고 똑똑하다. 딸들 역시 엄마보다 훨씬 현명하고 총명한, 어른 같은 아이가 된다.

그러므로 자녀들이 당신에게 굳이 표현하지 않더라도 그들의 사랑의 탱크를 계속해서 채워주어라. 사춘기의 남자아이들은 스킨십이 너무 여성적이라고 생각하여 뒤로 뺄 수 있고, 여자아이들도 아버지에게 그런 반응을 보일 수 있다. 그러나 만일 당신의 딸이 이제 사춘기로 접어들고 있다면 스킨십을 망설이지 말라. 그 이유는 다음과 같다.

사춘기 전 단계에 있는 여자아이들에게는 특히 아버지의 사랑이 필요하다. 남자아이들과 달리 여자아이들에게는 무조건적인 사랑이 매우 중요하며 열한 살이 되면 그것이 절정에 이른다. 이처럼 특별한 필요에 대한 한 가지 원인은 이 시기에는 보통 어머니들이 아버지들보다 스킨십으로 사랑을 표현하기 때문이다.

학교에서 6학년 여자아이들을 관찰해보면 사춘기를 맞을 준비가 잘된 아이와 그렇지 못한 아이의 차이점을 볼 수 있다. 이런 민감한 시기에 접어들면 여자아이들은 스스로에 대해 좋게 느껴야 한다는 것과 해를 거듭하면서 자기 자신에 대한 건전한 성 정체성을 가져야 한다는 것을 무의식적으로 알게 된다. 여자아이가 자신을 가치 있는 여성으로 느끼는 것은 상당히 중요하다.

여자아이들 중에 남자를 아주 힘들게 대하는 아이들이 있다. 어떤 아이들은 부끄러워하며 남자아이들을 피하고, 또 어떤 아이들은 시시덕거리거나 심지어 남자아이들을 유혹하기도 한다. 남자아이들은 유혹하며 시시덕거리는 여자아이들과 즐기기는 하지만 그들을 좋게 생각하지는 않으며 항상 뒤에서 비웃는다. 하지만 이런 여자아이들을 화나게 하는 것은 자기에 대한 나쁜 평판 때문이 아니라 다른 여자 친구들과의 관계 때문이다. 남자아이들과의 좋지 않은 행동에 대해 여자 친구들이 분개하기 때문이다. 이 시기의 다른 여자아이들과의 정상적인 친구 관계는 남자 친구를 사귀는 것보다 더 중요하다. 이때 사귄 여자 친구들이 평생의 친구가 되기 때문이다.

또 어떤 여자아이들은 남자아이들과 함께하는 행동이 어색하지 않다. 그들은 건전한 자존감과 자기 정체성 때문에 잘 처신한다. 그들은 미식 축구 선수로 활약하는 인기 있는 남자아이나 수줍어하고 주변머리 없는 남자아이나 한결같이 대한다. 남자아이들은 그런 여자아이들을 괜찮게 생각한다. 하지만 무엇보다 중요한 것은 그들이 다른 여자아이들과 아주 밀접하고 의미 있는 관계를 갖는다는 것이다.

강하고 건전한 자존감과 성에 대해 바른 인식을 가진 여자아이들은 친구들의 부정적인 태도에도 별로 영향을 받지 않는다. 그들은 가정에서 배운 도덕적 기준에 따라 생활하며 그들 스스로 생각할 줄 안다.

이러한 여자아이들의 차이점은 무엇인가? 어떤 아이들은 급우들과의 관계에 문제가 있는가 하면 어떤 아이들은 아주 좋은 관계를 유지한다. 이미 눈치 챘겠지만 이러한 차이는 바로 아이들의 감정의 탱크 때문이다. 친구와 관계가 좋은 아이들은 아버지가 사랑의 탱크를 늘 충분히 채워준다. 그러나 아버지가 없다고 해서 감정의 탱크가 비는 것은 아니다. 그런 경우에는 할아버지나 삼촌이 아버지 역할을 충분히 해줄 수 있다. 그러므로 아버지 없이 자란 여자아이들이라도 여러 가지로 사랑받으며 건강한 여성으로 성장할 수 있다.

십대 자녀들과의 스킨십

자녀가 십대가 되면 적절한 시간과 장소에서 적극적인 방식으로 당신의 사랑을 보여주어야 한다. 어머니들은 친구들이 보는 앞에서 아들을 안아주면 안 된다. 독립적인 자기 정체성을 발전시키는 시기에 이러한 어머니의 행위는 아들을 당황하게 만들고 친구들 사이에서 농담거리가 되게 한다. 하지만 아들이 미식 축구 연습을 열심히 한 후 집에 돌아왔을 때 안아주는 것은 사랑의 표현으로 받아들여진다.

어떤 아버지들은 십대인 딸을 안아주거나 뽀뽀해주는 것이 이상하다고 생각하지만 사실은 그 반대다. 십대인 딸들에게는 아버지의 포옹과 입 맞춤이 필요하다. 아버지가 하지 않으면 다른 남성으로부터의 스킨십을 원하고 혹은 부도덕한 방법으로 그것을 충족시키려 한다. 다시 언급하지만 적절한 시간과 장소가 중요하다. 사람들 앞에서 딸이 먼저 당신을 안지 않으면 당신도 그러지 않는 것이 좋다. 하지만 집에서는 당신이 먼저 안아줄 수 있다.

십대 자녀들이 학교에서 내준 과제물로 몹시 힘들어할 때 포옹 등의 부드러운 사랑의 스킨십은 특별한 도움이 된다. 아울러 동성끼리의 신체적인 사랑의 스킨십도 매우 중요하다는 사실을 잊지 마라. 아버지가 아들을 포옹하고 어머니가 딸을 포옹하는 것은 아이들의 각 발달 단계에 반드시 필요하다. 아들에게는 어머니가 해주는 만큼 아버지의 스킨십이 필요하고 딸도 아버지로부터 받는 사랑만큼이나 어머니로부터의 적절한 사랑의 표현을 필요로 한다.

십대 자녀와 스킨십할 수 있는 방법은 얼마든지 있다. 예를 들어, 자녀가 운동을 하고 돌아오면 아이의 굳은 근육을 풀어줄 수 있다. 오랜 시간 공부한 아이의 목을 마사지해 줄 수도 있다. 많은 아이들이 장성하여 집을 떠나 살더라도 토닥여주는 것을 좋아한다.

그렇지만 강제로 하는 스킨십은 주의해야 한다. 아이의 어깨를 만지려할 때 팔을 뿌리치며 내뺀다면 강요하지 마라. 어떤 이유에서든 그 아이는 만지는 것을 원치 않는 것이다. 그 이유는 당신과 관계가 있을 수도, 없을 수도 있다. 십대 아이들은 감정과 생각과 욕망으로 가득 차 있어서 어떤 때는 그냥 만지는 것조차 싫어할 때가 있다. 그들이 말이나 행동으로 표현하는 것에 상관하지 말고 그들의 감정을 존중해주어야 한다. 하지만 당신의 스킨십을 계속 거절한다면 대화를 통해 그 이유를 알아야 한다.

당신이 자녀들의 역할 모델임을 명심하라. 그들은 당신의 스킨십을 주시할 것이다. 당신 자녀들이 다른 사람들과의 관계에서 이러한 사랑의 언어를 사용하는 것을 보면 매우 놀라울 것이다.

자녀의 제1의 사랑의 언어가 스킨십인 경우

자녀의 제1의 사랑의 언어가 스킨십인가? 확실히 알고 싶으면 7장을 읽기 바란다. 다만 몇 가지 힌트가 있다. 그러한 자녀들에게는 스킨십이 "너를 사랑한다."는 말이나 선물을 주고 자전거를 고쳐주고 함께 시간을 보내는 것보다 더 깊게 사랑이 전달된다. 물론 그들은 모든 언어로 사랑을 받아들인다. 그러나 그들에게 가장 분명하고 크게 들리는 사랑의 언어는 스킨십이다. 안아주고 뽀뽀해주고 등을 어루만지는 것과 같은 신체적인 표현이 없다면 그들의 사랑의 탱크는 충분히 채워지지 않는다.

이러한 자녀들에게 스킨십을 사용하면 당신이 전하는 사랑의 메시지는 크고 분명하게 전달될 것이다. 부드러운 포옹은 어떤 아이에게나 사랑을 전달하지만 특히 이런 아이들에게는 사랑을 아주 큰소리로 외치는 것과 같다. 같은 이유로 이런 아이들에게 분노나 적개심을 스킨십으로 표현하면 매우 큰 상처를 입힌다. 따귀를 때리는 것은 모든 아이에게 해롭지만 제1의 사랑의 언어가 스킨십인 아이들에게는 아주 치명적이다.

메릴린은 아들 조이가 열두 살이 될 때까지 5가지 사랑의 언어에 대해 들어보지 못했다. 그리고 사랑의 언어 세미나가 끝날 쯤 친구에게 이렇게 말했다.

"이제 조이를 이해할 수 있을 것 같아. 그 애는 끊임없이 치근대면서 나를 못살게 했거든. 설거지를 하고 있으면 내 얼굴을 만지며 눈을 가리곤 했어. 그 애 옆을 지나칠 때는 내 팔을 꼬집기도 하고, 방바닥에 누워 있을 때 그 옆을 지나가면 내 다리를 잡아당기기도 했어. 소파에 앉아 있으면 내 머리카락을 만지작거렸는데 손을 치우라고 할 때까지 계속했어. 아빠에게도 그랬지. 둘은 곧 레슬링을 하곤 했단다. 이제 보니 조이의 제1의 사랑의 언어는 스킨십이었어. 그래서 나를 계속 만졌던 거야. 우리 부모님은 안아주는 데 익숙지 못한 분이셨기에 나 역시 만지는 것이 부자연스럽거든. 그런데 조이가 졸졸 따라다니는 것을 나는 몹시 귀찮아하는 반면, 남편은 조이와 레슬링을 하고 야단법석을 떨면서 조이에게 사랑을 주었다는 사실을 이제야 깨달았어. 이렇게 단순한데 해주지 못했다니, 참으로 안타까워."

그날 밤 메릴린은 세미나에서 들은 내용을 남편 크리스에게 이야기했다. 이야기를 다 듣고 난 크리스는 약간 놀라며 말했다. "그 애와 레슬링하는 것이 사랑의 표현이라고는 생각하지 않았는데. 하지만 일리가 있어. 나는 단지 내가 하고 싶은 것을 했을 뿐이야. 그러고 보니 내 사랑의 언어도 스킨십인 것 같아."

이 말을 듣자 메릴린은 무엇인가 생각나는 것 같았다. 물어볼 필요도 없이 크리스는 늘 포옹하고 키스하기를 원했다. 그는 잠자리를 같이할 생각이 없을 때도 그녀가 만났던 어느 누구보다 스킨십을 좋아하는 사람이다. 그날 밤 메릴린은 이 사실을 알고 마음이 무거웠다. 하지만 그녀는 곧 이 사랑의 언어를 배워야겠다고 결심했다. 우선 남편과 아들의 스킨십에 반응하는 것부터 시작했다.

그 후 설거지를 할 때 조이가 뒤에서 다가와 눈을 가리면 젖은 손으로 힘껏 안아주었다. 조이는 짐짓 놀라는 듯했지만 큰 소리로 웃었다. 그리고 크리스가 포옹을 하고 키스를 할 때는 둘이 데이트할 때 보였던 반응을 나타냈다. 그는 웃으면서 "당신을 세미나에 더 많이 보내야겠는걸. 정말 효과가 있군!"라고 말했다.

메릴린은 새로운 사랑의 언어를 배우려고 계속 노력했다. 얼마 후, 스킨십이 자연스럽게 느껴지기 시작했다. 점차 자연스럽게 스킨십에 반응하게 되었고 크리스와 조이는 뛸 듯이 기뻐하며 그녀의 제1의 사랑의 언어인 봉사를 적극적으로 실천했다. 조이가 설거지를 하고 크리스가 집안 청소를 하는 모습을 보며 메릴린은 천국에 온 것이 아닌가 생각할 정도였다.

자녀들의 말

스킨십은 칭찬하는 말, 선물, 함께하는 시간, 봉사보다 많은 자녀들에게 사랑의 언어를 크게 표현한다. 그것이 없다면 그들의 사랑의 탱크는 결코 채워지지 않을 것이다. 스킨십의 힘에 대해 자녀들이 어떻게 말하는지 살펴보자.

일곱 살인 알리슨은 "엄마가 안아주기 때문에 저를 사랑한다고 생각해요."라고 말한다.

대학 3학년인 제레미는 부모님이 자기를 사랑하신다는 것을 이렇게 표현했다. "그분들은 늘 사랑을 보여주세요. 제 기억으로는 외출하실 때나 들어오실 때마다 저를 안아주고 입 맞춰주셨어요. 지금도 여전히 그러시고요. 친구들 중에는 저희 부모님이 이상하다고 말하는데 그것은 우리 집 같은 분위기에서 자라지 않았기 때문일 거예요. 저는 아직도 부모님의 사랑의 스킨십을 원해요. 그러면 제 마음이 아주 따뜻해지거든요."

열한 살인 마크는 "0부터 10까지의 숫자 중 부모님의 사랑은 얼마쯤 되니?"라는 질문에 눈 하나 깜빡하지 않고 "10이요."라고 대답했다. 어떻게 그토록 강하게 사랑을 느끼는지 물어보았더니 이렇게 대답했다. "첫째는 부모님이 사랑한다고 말씀하시니까요. 하지만 말보다도 진짜 저를 그렇게 대해주세요. 제가 아빠 곁을 지나가면 언제나 저에게 달려드셔서 레슬링을 하게 만들죠. 아버지는 참 재미있는 분이세요. 엄마도 제 친구들이 보는 앞에서는 안 그러시지만 저를 자주 안아주시고 뽀뽀해주세요."

자녀의 제1의 사랑의 언어가 스킨십이지만, 당신에게 스킨십이 자연스럽지 못하여 그 언어를 배우기 원한다면, 당신 자신을 만지는 것부터 시작하면 된다. 먼저 한쪽 손으로 손목으로부터 어깨까지 천천히 만져보라. 그리고 자신의 어깨를 주물러라. 다른 한 손으로 반대편 어깨를 주물러라. 머리카락 속으로 두 손을 집어넣고 머리 표피를 앞에서부터 뒤로 문질러보라. 방바닥에 두 다리를 뻗고 바로 앉아서 다리를 주물러라. 리듬감 있게 해도 좋다. 한 손을 배에 대고 앞으로 구부려 다른 손으로 발을 만지면서 발목을 마사지해라. 그런 다음 똑바로 앉고 "내가 해냈다. 나 자신을 만졌다. 이제 나는 자녀와 스킨십을 할 수 있다!"라고 말하라.

한 번도 스킨십을 해본 적이 없거나 스킨십이 부자연스러운 사람들에게는 이런 훈련이 장애물을 없애는 첫 단계가 될 수 있다. 당신이 만일 이런 부류의 사람이라면 자녀들이나 배우자에게 스킨십을 시도하기 전에 하루 한 번씩 이 훈련을 반복하라. 일단 시작하면 목표를 세우고 의도적으로 매일 스킨십을 시도하라. 나중에는 하루에 몇 번씩이라도 스킨십을 할 수 있을 것이다. 누구든지 스킨십이라는 언어를 배울 수 있다. 특히 이것이 자녀의 제1의 사랑의 언어라면 가장 많은 정성을 들여 배울 가치가 있다.

THE FIVE LOVE
LANGUAGES OF CHILDREN

3
사랑의 언어 #2 인정하는 말

"아버지가 저를 사랑하시냐고요? 물론 사랑하시죠. 제가 시합할 때면 언제나 응원해주시고 경기가 끝나면, '경기를 열심히 해주어 고맙구나.' 라고 말씀하세요. 아버지는 중요한 건 경기에 이기는 것이 아니라 최선을 다하는 것이라고 말씀하세요." 14살인 필립의 말이다. 그는 계속해서 이렇게 말했다. "제가 실수할 때도 아버지는 걱정하지 말라고 하시면서 계속 최선을 다하면 더 잘할 거라고 말씀하세요."

사랑을 전달하는 말은 힘이 있다. 사랑과 애정이 담긴 말이나 칭찬과 격려의 말은 모두 '나는 너에게 관심이 있어.' 라는 뜻을 적극적으로 표현한다. 이러한 말들은 영혼에 부드럽고 따스하게 내리는 단비와 같다. 또 아이에게 내적인 가치와 안정감을 준다. 이러한 말들은 순간에 잠깐 전달되었다 해도 쉽게 잊혀지지 않는다. 이렇게 인정하는 말을 들으면 자녀들이 일

평생 그 영향을 받게 된다.

반대로 말을 가로막거나 순간적으로 흥분해서 내뱉는 말들은 자녀의 자존감을 상하게 하며 자신의 능력에 의구심을 갖게 한다. 자녀들은 부모의 그런 말이 진심이라고 매우 심각하게 받아들인다. 잠언은 이러한 진리를 과장하지 않고 잘 표현했다. "죽고 사는 것이 혀의 힘에 달렸나니"(잠 18:21).

사랑의 언어 두 번째는 '인정하는 말'이다. 어떤 아이들은 인정해주는 표현을 들을 때 사랑을 가장 많이 느낀다. 지금부터 살펴보겠지만 이런 표현을 할 때 꼭 "난 널 사랑해."라는 말을 써야 하는 것은 아니다.

사랑과 애정이 담긴 말

아이들은 말의 의미를 이해하기 전에 감정으로 느낀다. 목소리의 크기, 부드러운 분위기, 주변 환경 모두 감정의 따뜻함과 사랑을 전달한다. 부모들은 모두 아기들에게 말한다. 이때 아기들은 엄마의 얼굴 표정이나 사랑스러운 목소리를 듣고 그 말을 이해한다.

어린아이들이 말이나 개념을 사용하는 능력은 서서히 생기기 때문에 우리가 "널 사랑한다."는 말을 해도 그 의미를 항상 이해하는 것은 아니다. 사랑은 추상적인 개념이다. 장난감이나 책을 보는 것처럼 사랑을 볼 수 없다. 특히 아이들은 무엇이든 구체적으로 생각하는 경향이 있기 때문에 사랑을 표현할 때도 무엇을 의미하는지 이해할 수 있게 해야 한다. 아이가 당신의 감정 상태와 매우 밀착되었을 때는 "널 사랑한다."는 말이 커다란 의미를 지닌다. 이 말은 종종 신체적인 밀접함을 의미하기도 한다. 예를 들면, 아이가 잠자리에 들기 전에 꼭 껴안고 책을 읽어 줄 때 아이의 감정이 따뜻해지고 사랑을 느낄 만한 이야기가 나오는 대목에서 "OO아, 사랑해."라고 아이에게 속삭일 수 있다.

아이가 "널 사랑해."라는 말을 이해하기 시작하면 이 말을 다른 경우에도 사용할 수 있다. 그리고 아이를 놀이터나 학교에 데려다 줄 때와 같은 일상적인 일에도 활용할 수 있다. 또한 아이가 정말 칭찬받을 만한 일을 했을 때도 이 말을 할 수 있다. 두 아이의 어머니인 알리스는 이렇게 말했다. "어렸을 때 어머니께서 제 빨간 머리가 매우 아름답다고 칭찬하셨던 것을 지금도 기억합니다. 학교 가기 전에 머리를 빗어 주시면서 하셨던 칭찬이 먼 훗날 제가 자아상을 정립하는 데 상당한 영향을 주었습니다. 크면서 빨간 머리카락이 소수 민족을 의미한다는 것을 알게 되었지만 그것에 대해 부정적인 감정은 없었습니다. 제가 이렇게 생각할 수 있었던 것은 바로 어머니의 사랑이 담긴 말씀 때문입니다."

칭찬하는 말

우리가 자녀들에게 전달하는 메시지에는 칭찬과 애정이 함께 뒤섞인다. 하지만 이 두 가지는 구별할 필요가 있다. 애정과 사랑은 '아이의 존재 자체를 감사하는' 표현이다. 사람의 한 부분이 애정과 사랑의 특성 및 능력이기 때문이다. 그러나 우리는 아이가 한 일, 즉 업적이나 행동, 그리고 의식적으로 하는 태도 등에 대해 칭찬한다. 여기서 말하는 칭찬은 아이가 통제할 수 있는 그 어떤 것에 대한 것이다.

그러므로 아이에게 진정으로 의미 있는 칭찬을 하고 싶다면 신중하게 말해야 한다. 칭찬을 너무 자주 하면 별 효과가 없다. 예를 들면, "착한 아이구나."라는 말은 훌륭한 표현이지만 매우 현명하게 사용해야 한다. 아이가 정말 칭찬받을 만한 일을 해서 이 말을 기대하고 있을 땐 아주 효과적이다. 반면 아이가 경기에서 그냥 평범하게 공을 잡았는데 "아주 잘했어."라고 특별하게 칭찬하는 경우 아이들은 정당한 이유로 받는 칭찬과 단지 듣기 좋게 하는 칭찬을 구별하므로 듣기 좋은 그 칭찬을 오히려 신실하지 못한 것이라 생각해버린다.

이렇듯 아무 때나 하는 칭찬에는 위험이 도사리고 있다. 어떤 아이들은 이런 칭찬에 익숙해져서 매우 자연스럽게 받아들이고, 또 그것을 기대하기까지 한다. 이런 칭찬이 없을 때는 자기에게 무엇인가 잘못된 것이 있나 하는 생각에 불안해한다. 그리고 이런 칭찬을 받아들이지 않는 다른 아이들을 보면서 왜 큰 일에만 칭찬받기를 원할까 의아해한다.

우리는 항상 자녀들을 칭찬하기 원한다. 그러나 한 가지 명심해야 할 것은 칭찬은 반드시 진실하고 정당해야 한다는 것이다. 그렇지 않으면 자녀들은 칭찬을 거짓말과 같은 겉치레로 여길 것이다.

격려하는 말

격려라는 말은 '용기를 준다.' 는 의미다. 우리는 자녀들에게 용기를 주기 원한다. 어린아이들에게는 모든 경험이 새롭다. 따라서 걷고 말하고 자전거를 타는 모든 일에 끊임없는 용기가 필요하다. 그리고 우리가 하는 말이 아이의 노력을 격려하기도 하고 낙담시키기도 한다.

언어 병리학자들에 의하면 아이들은 어른을 흉내내면서 말을 배우지만 어른들이 명확하게 발음할 뿐 아니라 아이가 바르게 발음하기 위해 노력할 때 격려해주면 말을 더 빨리 배우게 된다고 이야기한다. "아주 비슷해.", "잘했어.", "그래.", "정말 훌륭해.", "네가 해냈어."와 같은 표현들은 아이들이 말을 빨리 배우게 할 뿐 아니라 어휘력이 풍부해지는 데 도움을 준다.

자녀들이 사회 생활의 기술을 익히는 데도 같은 원리가 적용된다. "네가 메리와 진흙을 나누어 쓰는 것을 보았어. 참 좋아 보이더구나. 삶은 함께 나눌 때 훨씬 더 쉬워진단다." 이런 말은 무엇이든 움켜쥐려는 아이의 생리적인 욕심을 다스리고 다른 사람과 나누려는 내적 동기를 유발한다. 만일 어떤 부모가 6학년인 아들에게 "제이슨, 오늘 밤 경기가 끝난 후 스캇이 경기에 대해 말할 때 네가 집중하여 듣는 것을 보았어. 다른 친구들이 너의 등을 툭 치고 지나가도 개의치 않고 친구 말을 열심히 듣는 모습을 보고 무척 자랑스러웠단다."라고 말한다면 이 부모는 인간 관계에서 가장 중요한 기술 중 하나인 경청을 개발하도록 아이를 격려하는 것이다. 자녀를 격려하는 말의 능력을 결코 과소평가하지 마라.

어쩌면 격려하는 말이 당신에게는 어려운 일일 수 있다. 우선 격려받을 때는 신체적으로 아주 좋은 감정을 지니게 된다는 사실을 명심하기 바란다. 감정이 풍부하고 원기가 왕성해지려면 에너지가 필요하다. 이는 우리 부모들도 신체적, 정신적, 정서적, 영적으로 건강한 상태를 유지해야 한다는 말이다.

부모가 격려를 받을 때 자녀들을 더 잘 격려할 수 있다. 부모들은 서로 격려해야 한다. 만일 당신이 혼자 자녀를 키운다면 당신에게 용기와 힘을 줄 친구들이나 친척이 있어야 한다.

당신이 자녀들을 격려할 때 가장 큰 적은 분노다. 부모들이 분노의 감정을 오래 지닐수록 자녀들에게 더 많이 화를 낸다. 그 결과 자녀는 권위에 대항하고 부모를 혐오하게 된다. 그러므로 사려 깊은 부모라면 분노를 최소화하고 성숙하게 처신하여 분노를 삭일 것이다.

"유순한 대답은 분노를 쉬게 한다"(잠 15:1)는 잠언서 기자의 말은 참으로 지혜롭다. 말할 때 부모들의 목소리 크기는 그 말에 대한 자녀들의 반응에 영향을 준다. 부드럽게 말하기 위해서는 많은 연습이 필요하지만 우리는 그 방법을 모두 배울 수 있다. 자녀들에게서 긴장감을 느낀다면 명령하는 것보다 말 끝을 올리면서 요청하는 어투로 기분 좋게 말하는 것을 배워야 한다.

예를 들어보겠다. 다음 중 어떤 것이 자녀들을 격려하는 말로 더 좋을지 생각해보자. "지금 당장 쓰레기를 치워!", "나 대신 쓰레기를 버려줄래?" 기분 좋게 분노를 삭이면 아주 수월하게 일이 해결될 것이다. 특별한 문제가 생길 때 이렇게 자녀들을 격려하면 아이들도 우리 말에 반항하지 않고 더 잘 따를 것이다.

몇 년 전 『리더스 다이제스트』에 매우 훌륭한 고등학교 수학 교사에 대한 기사가 실렸다. 이 여교사는 미네소타주 모리스시에 있는 성 메리 학교에서 학생들을 가르치고 있었다. 어느 금요일 오후, 그 교사는 자기 반 아이들에게 친구들의 이름을 모두 적고 이름과 이름 사이에 한 칸을 비우라고 했다. 그리고 빈칸에는 그 아이의 가장 좋은 점을 기록하라고 했다. 주말 동안 그 교사는 아이들이 기록한 종이를 보고 각 아이들의 장점을 모두 모아 다른 종이에 옮긴 후 월요일에 그 목록을 아이들에게 다시 나누어주었다.

아이들은 목록을 읽으며 서로 귓속말을 주고받았다. "그 애에게 이렇게 좋은 면이 있는지 미처 몰랐어.", 혹은 "다른 애들이 날 이렇게 좋아하는지 몰랐어."라고 말이다. 목록의 내용에 대해서는 논의하지 않았지만 반 아이들이 서로 긍정적인 감정을 가질 수 있게 되었기에 교사는 그 일을 매우 성공적인 것이라 생각했다.

몇 년 후, 그 반 학생이었던 마크 에크런드라는 청년이 베트남 전쟁에서 전사했다. 유해가 미네소타로 온 후 그때 함께 공부했던 선생님과 학생들이 장례식에 참석했다. 장례식이 끝난 후 점심을 먹을 때 그 젊은이의 아버지가 교사에게 "보여줄 것이 있습니다."라고 말하며 주머니에서 지갑을 꺼냈다. "마크의 주머니 속에 이것이 있었습니다. 선생님은 이 내용을 아실 것 같아서요." 그러고는 지갑을 펼치더니 테이프를 붙이고 접고 또 접은 낡은 종이를 꺼냈다. 그것은 바로 오래 전에 같은 반 친구들이 마크의 장점을 기록한 것이었다.

마크의 어머니가 말했다. "선생님께 감사드립니다. 보시다시피 우리 아들이 이걸 소중히 여긴 것 같습니다." 마크의 친구들도 모두 지금까지 그것을 간직하면서 가끔씩 꺼내 읽는다고 했다. 어떤 친구들은 지갑에 넣고 다니기도 하고, 결혼 앨범에 끼워 놓았다는 친구도 있었다. 그중 한 명이 "우리 모두 그것을 가지고 있는 것 같아."라고 말했다.[1]

---

1) Helen P. Mrosla, "All the Good Things," Reader's Digest, October 1991, 49–52.

지도하는 말

격려하는 말은 특히 자녀들이 노력해서 이룬 것에 대해 말해줄 때 가장 효과가 크다. 격려의 목적은 자녀들이 좋은 일을 하도록 잘 유도하는 것이다. 이는 자녀들의 잘못을 찾아 바로잡아 주는 것보다 더 힘들다. 하지만 매우 값진 일임을 깨닫게 된다. 이것은 당신 자녀의 도덕적, 윤리적 발달의 방향을 잡아주는 것이다.

자녀들에게는 지도가 필요하다. 그들은 특별한 언어로 말하는 것을 배우며 사회에서 처신하는 법을 배운다. 대부분의 문화권에서는 자녀들이 사회에 잘 적응하게 하는 일차적 책임이 부모에게 있다고 한다. 이는 그들이 사회적으로 반드시 해야 할 것과 하지 말아야 할 것을 알려주는 것뿐 아니라 윤리적, 도덕적 발달을 돕는 것을 의미한다.

모든 아이는 누군가로부터 배운다. 부모가 직접 지도하지 않으면 학교나 TV, 다른 어른들이나 친구들 등 그 밖의 다른 것들로부터 영향을 받는다. 당신 자신에게 질문해보라. "내 자녀들은 긍정적인 사랑의 지도를 받고 있는가?" 자녀들은 사랑의 지도를 제일 좋아한다. 사랑의 지도의 목적은 부모나 어른들이 아이들에게 좋게 보이는 것이 아니라 그들이 앞으로 훌륭한 자질을 갖춘 아이로 자라도록 돕는 것이다. 인정하는 말의 네 번째 유형은 자녀들의 앞날을 지도해주는 것이며 이는 사랑의 언어 가운데 가장 중요한 부분이다.

좋은 이야기를 나쁜 방법으로 전달하는 부모들이 너무 많다. 마약에 손대지 말라고 하면서 아이들을 거칠고 잔인하게 대하면 오히려 마약을 하도록 몰아붙이는 것과 같다. 자녀들을 지도하는 말은 매우 긍정적인 방법으로 해야 한다. 긍정적인 이야기도 부정적인 방법으로 전달하면 언제나 부정적인 결과를 초래한다. 한 어린이가 이렇게 말했다. "저희 부모님은 제게 소리 지르지 말라고 하면서 항상 저희들에게 소리를 지르세요. 자신들도 하지 못하는 것을 저에게 하라고 하셔요. 이건 공평하지 않아요."

또 다른 어려움은 많은 부모들이 단지 금지시키는 것을 지도라고 생각한다는 것이다. "술 마시지 마라.", "부득이 술을 마셨어도 음주 운전은 하지 마라.", "임신되지 않도록 주의해라.", "담배 피우지 마라.", "마약에 손대지 마라.", "과속하지 마라."

물론 이런 경고가 필요하다. 하지만 이와 같은 경고는 결코 의미 있는 삶을 개발하도록 지도하지 못한다. 금지시키는 것이 부모의 지도 가운데 하나인 것은 분명하지만 그것이 자녀 지도의 주된 방법이어서는 안 된다. 에덴 동산에서 하나님은 아담과 하와에게 모든 것을 허용하시고 오직 한 가지만 금하셨다. 하나님은 그들의 삶이 생산적인 활동으로 충만하도록 의미 있는 일을 하게 하셨다. 훗날 이스라엘 백성이 시내산에 이르렀을 때 받은 십계명도 다섯 개는 허용하는 것이고 다섯 개는 금지하는 것이었다. 그리고 예수님은 산상 수훈에서 전부 허용하는 말씀만 하셨다.

거듭 말하지만 금지하는 것도 필요하다. 그러나 그것은 자녀들을 지도하는 한 부분이어야 한다. 최고의 법은 사랑이다. 그러므로 자녀들에게 절대적으로 필요한 것은 사랑하는 마음으로 하는 긍정적인 지도다. 자녀들을 긍정적이고 의미 있게 지도할 수 있다면 자녀가 부모들이 우려하는 곤경에 빠질 위험이 줄어들 것이다. 많은 젊은이들이 마약을 시작하는 이유가 삶이 너무 지루하기 때문이라고 한다.

지도하는 말을 사랑스럽게 하는 부모들은 자녀들의 관심사나 능력을 좀 더 잘 관찰하면서 그러한 관심사를 긍정적인 말로 북돋아준다. 고상한 학문이나 단순한 예의 범절, 인간 관계의 복잡한 기술에 이르기까지 부모들은 자녀들을 긍정적인 말로 지도하면서 사랑의 감정을 표현해야 한다.

아이를 지도하는 부정적인 부분도 사랑이 담긴 말로 표현할 수 있다. 소리를 지르거나 자녀의 친구들의 결점을 반복해서 말하는 것도 좋지 않다. 마약에 빠진 친구들이 있다면 그 친구들에게 관심과 애정을 보이면서 접근하는 것이 훨씬 낫다. 즉 "네 친구들이 그렇게 잘못된 선택을 하다니, 참 안됐구나."라고 말하는 것이다. 술 때문에 사고를 당했거나 사망한 신문 기사를 자녀에게 보여주면서, 어린 나이에 죽은 젊은이와 가족을 생각하니 슬프다는 이야기를 함께 나누는 것도 좋다.

당신의 자녀는 당신이 그런 사람을 비난하는 소리를 들을 때보다 사랑하는 마음으로 그들을 안타깝게 여기는 소리를 들을 때 당신을 더 신뢰하게 된다.

자녀의 제1의 사랑의 언어가 인정하는 말일 때

"사랑한다."는 말은 그 말을 실제로 하든, 다르게 표현하든 본래의 의미 그대로 전달되어야 한다. "너를 사랑해. 그러니 이것 좀 할래?"라는 말은 사랑의 뜻을 희석시킨다. "널 사랑한다. 하지만 당장……해야 해."라는 말도 사랑의 감정 자체를 없애버린다. "사랑한다."는 말에 조건을 붙여서 그 본래의 뜻을 절대로 희석시켜서는 안 된다. 이는 모든 자녀에게 해당되지만 특히 자녀의 제1의 사랑의 언어가 인정하는 말인 경우는 더욱 그렇다.

열 살인 토드는 부모인 빌과 메리에게 매우 무기력한 아이로 보였다. 그의 부모는 토드가 무슨 일이든 흥미를 갖도록 온갖 노력을 기울였다. 스포츠에서부터 개를 기르는 것까지 많은 신경을 썼지만 아무 소용이 없었다. 그들은 토드에게 이렇게 자상한 부모를 만난 것을 고마워해야 하며 무엇인가 관심을 갖고 할 일을 찾아야 한다고 누차 강조하면서 불평을 늘어놓았다. 그들은 토드에게 그렇게 아무것도 하기 싫어하면 상담소에 데려가겠다고 위협까지 했다.

빌과 메리는 세미나에 참석한 후 곧 토드의 사랑의 언어가 인정하는 말이라고 생각했다. 그리고 지금까지 그들이 토드에게 다른 사랑의 언어는 다 표현했지만 이 사랑의 언어만은 표현하지 못했음을 깨달았다. 그들은 토드에게 선물을 사주고, 매일 안아주고, 함께 시간도 보내고, 봉사해주는 등 모든 것을 해주었다. 그러면서도 말로는 늘 비난했다.

그들은 한 가지 계획을 세웠다. 토드에게 의도적으로 그를 사랑한다는 말과 인정하는 말을 하기 시작했다. "너를 돌봐 줄게. 너를 사랑해. 너를 좋아해."라는 말들을 한 달간 열심히 하기로 결심한 것이다.

토드는 외모가 준수했기 때문에 그들은 참 멋있다는 말로 칭찬하기 시작했다. "넌 참 건강한 아이야. 미식 축구를 하면 참 잘할 텐데."라고 제안하는 말은 하지 않았고 그의 건강한 체격 자체에 대해서만 이야기했다. 또한 토드가 그들을 기쁘게 하는 행동을 할 때 칭찬하기 시작했다. 그가 개에게 먹이를 주려고 하면 "그래, 먹이 줄 시간이지."라는 말보다 칭찬을 했다. 지시할 말이 있어도 긍정적으로 표현했다.

한 달 후 빌과 메리는 다음과 같이 말했다. "토드에게 일어난 변화를 믿을 수 없어요. 그는 전혀 다른 아이가 되었어요. ……아마 우리가 전과 다른 부모가 되었기 때문인지도 모르지요. 삶에 대한 아이의 태도가 훨씬 적극적으로 변했어요. 우리와 농담도 하고 깔깔거리며 웃기도 합니다. 가끔 개에게 먹이도 주고 요즘은 친구들과 밖에서 미식 축구도 합니다. 이제 우리 가족은 자기 할 일을 각자 알아서 하는 본래의 모습을 찾은 것 같아요."

빌과 메리는 토드뿐 아니라 자신들도 변했음을 깨달았다. 그들은 부모 역할이 저절로 되는 것이 아니라는 사실을 알게 되었다.

아이들은 모두 다르기 때문에 반드시 그들의 사랑의 언어로 사랑을 전달해야 한다. 이 이야기는 사랑의 언어를 잘못 표현할 때 어떤 아이에게는 상처를 입히고 좌절감을 줄 수 있다는 사실을 시사한다. 즉 토드의 사랑의 언어는 인정하는 말이었는데 그의 부모는 비난하는 말만 했다. 이런 말은 모든 아이들에게 해롭지만 제1의 사랑의 언어가 인정하는 말인 경우는 더욱 파괴적이다.

이 언어가 당신 자녀의 제1의 사랑의 언어이고 당신은 이런 말을 하는 것이 어렵다면 '인정하는 말들'이라는 노트를 지니고 다니기 바란다. 다른 부모들이 하는 인정의 말을 들으면 그 노트에 기록하라. 자녀 양육에 관한 글에 나오는 긍정적인 말들을 기록하라. 부모와 자녀 관계에 관한 책에 나오는 것도 모두 기록하라. 그리고 거울 앞에서 그 말들을 연습하라. 이런 말은 자주 하면 할수록 자연스러워질 것이다. 그러므로 최소한 하루에 세 번 정도 이런 말들을 할 수 있는 기회를 만들어라.

만일 이전에 하던 대로 다시 비난하거나 부정적인 말을 할 때는 아이에게 미안하다는 말을 하고 그런 말들이 해롭다는 것을 알고 있으며, 또 말은 그렇게 했지만 실제로는 그렇게 생각하지 않는다고 말해야 한다. 자녀에게 용서를 구하라. 당신이 더 좋은 부모가 되기 위해 노력하고 있으며 그를 매우 사랑하고 좀 더 효과적으로 그 사랑을 전하고 싶다고 이야기하라. 때가 되면 당신도 옛 습관을 버리고 새로운 방식을 터득하게 될 것이다. 무엇보다 자녀의 얼굴 표정, 특히 눈에서 그 효과를 볼 수 있으며, 당신은 가슴으로 그것을 느끼게 될 것이다.

또한 당신도 자녀로부터 인정하는 말을 들을 기회를 얻을 것이다. 즉 자녀들이 당신의 사랑을 많이 느낄수록 그들도 당신에게 더 많이 보답하고 싶어할 것이다.

자녀들의 말

다음 네 아이는 자기들의 제1의 사랑의 언어인 인정하는 말을 다음과 같이 표현했다.

여덟 살인 메리는 "엄마가 저를 사랑하니까 저도 엄마를 사랑해요. 엄마는 매일매일 저를 사랑한다고 말해요. 아빠도 저를 사랑하는 것 같은데 절대 말하지는 않아요."라고 말했다.

열두 살인 리사는 올해 팔을 다쳤다. "부모님이 저를 사랑하시는 것을 알고 있어요. 제가 학교 공부를 아주 힘들어하니까 격려해주셨거든요. 몸이 좋지 않을 때는 숙제하라고 강요하지 않고 나중에 하라고 해요. 부모님은 제가 열심히 노력하는 것을 자랑스러워하시고 뒤처진 과목도 잘 따라갈 거라고 하셨어요."

데이비드는 성격이 활달하고 솔직한 다섯 살 아이다. "우리 엄만 날 사랑해요. 아빠도 날 사랑해요. 엄마, 아빠는 매일 '널 사랑해.'라고 말씀하셔요."

열 살인 존은 세 살 때부터 위탁 부모 밑에서 자랐다. 지난 8개월간 네 번째 위탁 부모인 봅과 벳시와 함께 생활했다. 그들이 너를 사랑하냐는 질문에 존은 그렇다고 대답했다. 어떻게 그렇게 빨리 대답할 수 있냐고 물었다. "그들이 제게 소리를 지르지 않기 때문이에요. 이전의 양부모님은 언제나 제게 소리를 질렀어요. 저를 쓰레기처럼 취급했고요. 그런데 봅과 벳시는 저를 존중해줘요. 제게 문제가 많다는 것을 알아요. 하지만 그들이 저를 사랑한다는 것도 알고 있어요."

제1의 사랑의 언어가 인정하는 말인 자녀들에게 부모나 다른 어른들이 말로 인정하는 것보다 그들이 사랑받는 것을 느끼게 하는 것은 없다. 그와 반대로 정죄하는 말은 그들에게 깊은 상처를 준다. 거칠고 비평하는 말은 모든 아이에게 해롭다. 제1의 사랑의 언어가 인정하는 말인 아이들에게는 매우 치명적이다. 그들은 오랫동안 그 말들을 마음속에 간직하고 되새길 것이다.

그러므로 부모나 주변에서 영향을 미치는 어른들은 부정적이고 비판적이며 거친 표현을 했을 때 빨리 사과해야 한다. 사과한다고 말이 지워지는 것은 아니지만 그 효과는 최소화시킬 수 있다. 당신이 자녀에게 부정적으로 말하는 사람이라면 배우자에게 당신이 어떻게 말하는지 들려달라고 부탁해서 한번 직접 들어보라. 이렇게 하는 것은 각성하는 계기도 되지만 부정적으로 말하는 당신의 습관을 고칠 수 있는 방법이기도 하다. 긍정적인 의사 전달이 자녀와 부모 간의 관계에 매우 중요하기 때문에 옛 습관을 버리고 새로운 습관을 만드는 것이 바람직하다. 그렇게 되면 당신의 자녀는 놀라운 효과를 얻을 것이며 당신도 상당한 만족을 얻게 될 것이다.

THE FIVE LOVE
LANGUAGES OF CHILDREN

4
사랑의 언어#3 함께하는 시간

네 살인 사라는 "엄마, 놀러 가자! 응?" 하며 엄마 다리를 잡아당겼다. 그러나 엄마 지니는 "지금은 안 돼. 감자 샐러드를 만들어야 돼. 다 만들고 나서 너랑 놀게. 잠깐만 혼자 나가서 놀아. 이따가 같이 놀아 줄게."라고 말했다.

5분도 지나지 않아 사라가 다시 와서 졸랐다. 지니는 "사라, 감자 샐러드부터 만들어야 돼. 저기 가서 놀아. 5분 있다가 갈게."라며 타일렀다. 그러나 사라는 4분 후에 다시 돌아왔다. 마침 감자 샐러드 만드는 일이 끝나서 둘은 함께 나갔다. 하지만 지니는 내일도 이런 일이 똑같이 반복될 것을 안다.

지니와 사라의 이야기에서 우리는 무엇을 배울 수 있을까? 사라의 제1의 사랑의 언어는 함께하는 시간임을 알 수 있다. 그 애가 진정으로 사랑받는다고 느끼는 것은 바로 어머니가 한눈 팔지 않고 집중해서 자기와 놀아 줄 때다. 이것이 그 아이에게는 매우 중요하기 때문에 어머니에게 돌아오는 것이다. 하지만 지니는 이처럼 반복되는 요구를 자기 일을 방해하는 것이라 여긴다. 만일 그들이 이런 실랑이를 계속한다면 지니는 사라와 '함께하는 시간을 잃어버리게' 되고, 사라가 원하는 것과는 정반대로 사라를 방구석에 혼자 있게 할지 모른다.

'엄마가 할 일은 무엇일까?' 지니는 의문이 생긴다. '자녀가 원하는 것을 해주면서 내 할 일을 다 할 수 있을까?' 대답은 그렇게 할 수 있다는 것이다. 자녀의 제1의 사랑의 언어를 배우는 것이 그 목적에 도달하는 열쇠다. 지니가 감자 샐러드를 만들기 전에 15분간 사라와 함께하는 시간을 가졌다면 그녀는 아주 한가하게 감자 샐러드를 만들 수 있었을 것이다. 아이의 사랑의 탱크가 비었고 그것을 채울 수 있는 길이 관심 끌기밖에 없다면 아이는 자기가 필요한 것을 얻기 위해 어떤 짓도 서슴지 않는다.

자녀의 제1의 사랑의 언어가 함께하는 시간이 아니더라도, 많은 자녀는 부모가 관심을 쏟아주기를 갈망한다. 사실 대부분의 어린 시절의 비행은 엄마 아빠와 좀 더 많은 시간을 함께하려는 데서 비롯된다. 따라서 비록 소극적인 관심일지라도 아이에게는 무관심보다 낫다.

최근 몇 년 사이 급증하는 맞벌이 가정과 한부모 가정에서 함께하는 시간에 대해 많은 이야기를 한다. 그러나 사람들이 함께하는 시간에 대해 말하는 동안에도 대부분의 자녀들은 그것에 굶주리고 있다. 부모들의 진정한 사랑을 받는 자녀들조차 텅 빈 감정의 탱크를 지닌 채 방황하고 있다. 그리고 이럴 때 어떻게 해야 하는지 아는 사람들은 거의 없는 것 같다.

함께하는 시간은 집중된 관심을 표하는 시간이다. 이는 분산되지 않은 당신의 관심을 자녀에게 주는 것을 의미한다. 대체로 유아들은 함께하는 시간을 많이 갖는다. 젖을 먹이고 기저귀를 갈아주는 것만으로도 집중된 관심을 오래 받을 수 있다. 어머니가 돌보는 것은 물론이고 아버지도 돌보고 그 외에 할머니나 할아버지, 혹은 친척들도 돌볼 수 있다.

그러나 아이가 성장함에 따라 함께하는 시간을 갖는 것이 점점 어려워진다. 왜냐하면 부모에게 많은 희생이 요구되기 때문이다. 따라서 함께하는 시간보다는 스킨십이나 인정하는 말이 더 쉽다. 자기가 해야 하는 것과 하고 싶은 것을 모두 할 수 있을 만큼 충분한 시간을 가진 사람은 거의 없다. 따라서 자녀와 함께하는 시간을 갖기 위해서는 우리가 가장 하고 싶은 일을 포기해야 할 수도 있다. 자녀가 사춘기로 접어들면서 함께하는 시간을 요구할 때는 부모들이 매우 지쳤거나 바쁘거나 감정이 상한 상태일 때가 많다.

자녀에게는 부모가 함께하는 것 자체가 선물이 된다. 이것은 다음과 같은 메시지를 담고 있다. "너는 중요해. 엄마와 아빠는 너와 함께 있는 것을 좋아해." 이는 자녀가 세상에서 제일 중요한 사람임을 느끼게 한다. 이런 자녀는 부모 전부를 가졌기 때문에 진실로 사랑받는다고 느낀다.

자녀들과 함께 시간을 보내려면 그들의 신체적, 정서적 발달 단계까지 내려가야 한다. 예를 들어, 그들이 기는 것을 배우고 있다면 같이 방바닥에 앉아야 한다. 그들이 한 발자국씩 걷기 시작하면 가까이 가서 계속 발을 뗄 수 있도록 격려해야 한다. 그들이 모래 장난을 하고 공을 던지고 차는 것을 배울 때도 그들과 함께 있어야 한다. 학교, 과외 수업, 스포츠, 교회, 공동체 활동 등으로 그들의 영역이 넓어져도 부모는 언제나 그들과 보조를 맞춰야 한다. 자녀들이 커가면서 이러한 활동으로 점점 더 분주해지면 당신은 자녀 하나하나에게 시간을 할애해야 되기 때문에 이런 일을 하기가 더욱 힘들어질지 모른다.

함께 있는 것

함께하는 시간을 가질 때 가장 중요한 요소는 함께 있는 것 자체가 아니라 무엇인가를 함께하는 것이다.

일곱 살인 나단은 아빠가 자기를 사랑하는지 어떻게 알 수 있느냐는 질문에 "아빠는 무슨 일을 할 때 나와 같이 해요. 농구를 하기도 하고 차를 닦기도 해요. 이발소도 같이 가요."라고 대답했다.

함께하는 시간은 특별히 어디를 가야만 하는 것이 아니다. 어디서든 관심을 집중시킬 수 있으므로 집에 있을 때 함께하는 시간을 가장 잘 이용할 수 있다. 자녀 하나하나에 시간을 내어 함께하는 것은 쉬운 일이 아닐 것이다. 하지만 반드시 그렇게 해야 한다. 참여하기보다 관망하는 사람이 많은 오늘날의 사회에서 부모로부터 집중된 관심을 받는 것은 그 무엇보다 중요하다.

많은 가정에서 자녀들은 부모 얼굴보다 TV를 더 보고 싶어한다. 자녀들은 가정 밖에서 더 많은 영향을 받기 때문에 부모와 시간을 함께 보내는 것으로 부모의 영향력을 강화시켜야 한다. 당신의 스케줄에서 이런 시간을 마련하는 건 정말 힘들 것이다. 하지만 이렇게 노력하는 것은 당신 자녀와 가족의 미래에 투자하는 것이다.

각각의 자녀와 함께하는 시간

자녀가 여럿이라면 각각의 자녀와 함께할 수 있는 시간을 잘 조절해야 할 것이다. 이것은 쉬운 일이 아니지만 가능한 일이다. 열 명의 자녀를 키운 수잔나 웨슬리를 예로 들겠다. 그녀는 일주일에 한 시간씩 자녀 한 명과 둘만의 시간을 가졌다. 훗날 샘, 찰스, 존, 이 세 아들은 시인, 작가, 목사가 되었다. 찰스는 교회에서 즐겨 부르는 고전적인 찬송가를 여러 곡 작곡하였다. 수잔나는 자녀들이 알파벳과 쓰기와 수학 등을 배우는 데 도움을 주었을 뿐 아니라 신사도, 바른 예절, 도덕적 가치 기준, 검소한 생활 등을 가르쳤다.

여자들이 사회 생활을 할 수 있는 기회가 거의 없던 시기(1700년대 영국)였지만 딸들도 충분히 교육시켰다. 언젠가 한번은 이 현명한 어머니가 자기 딸 에밀리아에게 "사회는 여자들에게 지성을 개발할 기회를 주지 않는다."[2] 라고 말했다. 훗날 에밀리아는 교사가 되었다. 그녀의 자녀 양육법 전체를 옹호하는 것은 아니지만 그녀가 가족에 우선권을 두고 이를 실행한 것은 칭찬할 만하다. 부모인 당신이 가정을 소중히 여기며 이를 실천하려는 가치관을 갖고 가정에 우선권을 둘 때 함께하는 시간에 대한 해결책이 있다.

긍정적인 눈맞춤

함께하는 시간에는 매우 기분 좋고 사랑스럽게 서로의 눈을 바라보아야

---

2) Sandy Dengler, *Susanna Wesley* (Chicago: Moody, 1987), 171.

한다. 그윽한 눈길로 자녀를 바라볼 때 당신의 가슴에서 자녀의 가슴으로 사랑이 전달된다. 대부분의 부모들이 자녀를 책망하거나 엄한 지시를 할 때 부정적인 눈길을 준다는 연구 결과가 있다.

당신의 눈맞춤은 언제나 기분 좋고 사랑스러워야 한다. 자녀가 당신을 기쁘게 해줄 때만 그런 눈길을 보낸다면 당신은 조건적인 사랑이라는 올무에 빠지게 된다. 이렇게 되면 자녀의 인격 성장에 손상을 입힐 수 있다. 언제나 자녀의 감정의 탱크가 가득 차도록 무조건적인 사랑을 주기 원한다면 적절한 사랑의 눈길을 주는 것이 그 해결책이다.

간혹 가족이 벌을 주는 수단으로 눈길을 주지 않는 방법을 사용하는데 이것은 너무도 잔인한 방법이다. 배우자나 자녀들은 이렇게 가슴 아팠던 경험을 결코 잊지 않을 것이다. 특히 자녀들은 이렇게 눈길을 피하는 것을 자신을 거절하는 것으로 생각하여 자존감에 손상을 입는다. 자녀가 당신을 기쁘게 하는 순간에만 사랑하지 않도록 주의하라. 당신은 자녀가 어떤 행동을 하든지, 어떤 환경에 처하든지 이유 여하를 막론하고 끊임없이 사랑을 주어야 한다.

생각과 감정 함께 나누기

함께하는 시간은 함께 적극적인 활동을 하는 것뿐 아니라 자녀를 좀 더 잘 이해하는 시간이다. 자녀들과 함께 시간을 보낼 때 당신 삶 주변의 이야기들을 자연스럽게 말할 수도 있다. 캘리포니아 신학교에서 오랫동안 교육학을 가르치고 있는 필 브리그즈 교수는 아들과 골프를 하면서 얻는 유익에 대해 말했다. "우리 아들은 나와 함께 골프를 하기 전까지는 참 말이 없는 아이였죠." 브리그즈 교수와 그의 아들은 걸으면서 스윙이나 골프에 대한 다른 이야기를 했지만 시간이 지나면서 생활 주변에 대한 이야기도 자연스럽게 주고받았다.

이처럼 부모는 자녀에게 농구를 할 때 어떻게 3점 슛을 던지는지 보여주기도 하고, 축구하는 법을 가르치기도 하고, 세차하는 법, 접시 닦는 법 등을 가르치면서 중요한 문제에 관해 함께 대화를 나눌 수 있는 분위기를 만들 수 있다.

진지한 대화

함께하는 시간에 아버지는 자녀들에게 자신에 대한 이야기를 들려 줄 수 있다. 즉 아내(자녀의 어머니)와 데이트할 때의 이야기라든지, 도덕적이고 영적인 문제에 대해서도 이야기할 수 있다. 이런 종류의 '진지한' 대화는 자녀의 깊숙한 곳까지 전달된다. 이로 인해 자녀들은 "우리 아버지는 나를 믿으셔. 날 생각해주셔. 나를 아주 중요하게 여기며 사랑하셔."라고 말하게 된다. 어머니는 딸의 안경을 맞추거나 졸업 무도회에서 입을 파티복을 함께 고르며 성숙해진 딸의 모습을 보고 은근히 염려하는 말을 건넬 수 있다. 이런 대화를 통해 딸은 외모가 아닌 자신의 진정한 가치를 이해하는 데 도움을 얻는다.

자녀들은 부모나 다른 어른들과의 진지한 대화를 통해 성장한다. 이렇게 생각과 감정을 함께 나누는 것은 삶을 구성하는 직물과 같다. 이런 식으로 서로 의사 소통하는 법을 배우게 되면 결혼 생활뿐 아니라 인간 관계도 아주 좋아질 것이다. 이런 대화를 통해 친구를 어떻게 사귀는지, 직장 동료와의 관계는 어떻게 하는지 가르칠 수 있고, 자신의 생각을 발전시키는 방법, 다른 사람들의 생각을 존중하는 태도, 그리고 긍정적인 방향으로 의사 소통하는 방법을 보여 줄 수 있다. 불쾌한 것을 내색하지 않고도 의견의 차이를 나타낼 수 있는 방법을 배우기도 한다.

자녀들이 당신과의 대화를 통해 배우는 것은 당신이 생각할 수 있는 것 이상이므로, 그들의 나이에 상관없이 건전한 대화를 나누기 위해 시간을 함께하는 것은 매우 중요하다. 그들을 바로잡아주기 위한 목적에서만 대화한다면 그들은 결코 긍정적이고 집중된 관심의 가치를 배우지 못할 것이다. 즉 부정적인 관심만으로는 사랑에 대한 그들의 욕구를 충족시킬 수 없다.

어린 자녀들과 대화하기에 가장 좋은 시간은 그들이 잠자리에 들 때다. 이 시간에는 아이들이 특히 잘 집중한다. 아이들이 덜 산만하기도 하지만 좀 더 늦게 자고 싶어하기 때문이다. 이유가 무엇이든 아이들이 잘 들으면 의미 있는 대화를 더 쉽게 할 수 있다.

이야기 들려주기와 대화

아이들은 모두 이야기를 좋아한다. 자녀들이 잠자리에 들기 전에 책을 읽어주는 것은 아주 좋은 습관이 될 수 있다. 이것이 하나의 습관으로 정착되면 자녀들이 청소년기를 보낼 때도 계속 부모와 솔직하게 대화할 수 있다. 이야기 도중, 혹은 끝난 후 아이들이 이야기 속에 나오는 사건과 등장 인물에 대해 느낀 것을 말하면서 자신을 동일시하는 감정을 갖도록 잠깐 시간을 갖는 것도 좋다. 오늘날 젊은이들은 대부분 자신의 행동이 감정과 곧 직결된다는 사실을 이해하지 못하지만 사실 이것은 매우 중요하다. 자기 감정을 이해하지 못하기 때문에 자기 행동을 통제할 방법도 모른다. 예를 들어, 실망한 사람의 이야기를 읽어주면서 자녀가 가졌던 슬픔이나 분노나 그 밖의 다른 감정에 대해서도 자연스럽게 함께 대화할 수 있다.

이렇게 좋은 대화를 나눌 수 있는 시간을 갖기를 적극 권한다. 오늘날 자기의 감정, 특히 분노의 감정을 조절할 줄 아는 젊은이들이 거의 없다는 사실은 참으로 불행한 일이다. 이것의 근본 원인은 마약 복용이나 무절제한 성관계, 그리고 반(反) 권위적인 태도와 행동이다. 서로 부드럽게 감정을 나눌 수 있는 따뜻하고 친밀한 잠자리에서의 이야기가 오래 지속되면 인생의 가장 심각한 문제들을 미연에 방지할 수 있다.

따뜻하고 친밀하고 부드럽게 감정을 이완시켜 주는 잠자리에서의 이야기는 많은 부모가 실제로 살아가는 바쁜 세상과는 정반대의 모습이다. 이런 목적을 달성하기 위해 일의 우선순위를 정하고, 급한 일에 끌려다니지 않도록 해야 한다. 긴급한 일의 희생물이 되어서는 안 된다. 당장 보기에 급한 것 같아도 먼 안목으로 보면 별로 중요하지 않을 수 있다. 당신의 자녀들과 함께하는 일이 영원한 것이다.

함께하는 시간을 위한 계획

자녀들이 태어나고 처음 8년간은 생활 반경이 가정 주변이기 때문에 매우 분별 있게 계획을 세울 수 있다. 하지만 자녀들이 성장하면서 가정 밖으로 행동 반경이 넓어지기 때문에 가족이 함께할 수 있는 시간을 갖기 위해서는 노력이 필요하다. 그러지 않으면 함께하는 시간을 갖기가 무척 힘들다. 여기 두 가지 아이디어를 제시한다.

첫째, 식사시간을 가족이 함께하는 시간으로 삼는 것이 좋다. 해를 거듭하면서 규칙적인 저녁 식사시간은 가족의 연합을 가장 잘 느낄 수 있는 시간이 될 것이다. 식탁에 늘 식사 준비가 되어 있어서 집에 오면 아무 때나 식사할 수 있는 가정에 대해 많이 듣는다. 하지만 온 가족이 함께하는 규칙적인 저녁 식사시간의 따뜻함을 아는 사람들에게는 이것이 아주 무질서한 것으로 생각될 것이다. 가족이 함께할 수 있는 시간을 계획하면서 언제 할 것인지, 그 계획에 방해되는 것은 어떤 것들인지 알아보는 것은 부모의 몫이다. 아침 식사를 함께 할 수 있다. 한 달에 한 번 자녀와 점심을 함께할 수도 있다.

둘째, 짧은 여행을 생각해보는 것이다. 버니와 그 아들 제프는 3개월에 한 번씩 여행을 한다. 집에서 자동차로 한 시간 떨어진 곳에 가더라도 하루 정도 텐트를 치고 잠을 자며 반나절 가량 둘만의 시간을 갖는다. 알리슨은 딸 브리타니와 일주일에 이틀을 함께 산책한다. 그런 날에는 남편과 아들이 설거지를 하면서 부자 간에 좋은 시간을 보낸다.

앞에 소개한 것은 단지 아이디어에 불과하다. 함께하는 시간을 계획할 때 무리할 필요는 없다. 필요하다면 계획은 언제든지 바뀔 수 있다. 하지만 계획을 전혀 세우지 않으면 자녀들과 함께하는 시간도 가질 수 없을 것이다. 당신은 달력에 다른 사람과의 약속 시간을 표시하면서 왜 자녀들과 함께할 시간은 표시해 두지 않는가? 당신이 자녀들과 함께하는 시간을 귀하게 여기고 이를 위해 다른 활동들도 기꺼이 포기한다는 사실을 자녀들이 안다면 고마워할 것이다. 그리고 계획을 세울 때 얻는 소득 중 하나는 자녀들에게 자기 시간을 관리하는 법을 가르칠 수 있다는 점이다.

함께하는 시간을 준비한다는 것은 달력에 하루나 한 시간을 표시하는 것 이상을 요구한다. 함께하는 시간을 계획하는 것은 당신 자신을 준비시킨다는 의미도 있다. 힘든 하루 일과를 마치고 집에 돌아오면 직장에서의 일을 말끔히 지워 스트레스를 풀고 가정에 충실해야 한다. 퇴근길 차 속에서 좋아하는 음악을 들으면서 직장에서 받은 스트레스를 푸는 사람들도 있다. 어떤 사람들은 집 근처에 차를 잠시 세워 두고 기도한다. 자녀들에게 줄 에너지를 얻기 위해서는 당신의 기분을 풀어주고 기쁘게 하는 것을 찾아야 한다.

집에 도착하기 전에 자녀들을 대할 준비가 되지 않았다면 그들을 마주치기 전에 배우자와 함께 준비하는 시간을 가져라. 식구들과 좋은 시간을 갖기 전에 편한 옷으로 갈아입고 음료수를 마시면서 뒤뜰을 산보하는 것도 좋다. 당신의 기분이 좋아질수록 식구들에게 더 많은 것을 줄 수 있을 것이다.

자녀의 제1의 사랑의 언어가 함께하는 시간일 때

자녀의 제1의 사랑의 언어가 함께하는 시간이라면 명심해야 할 사항이 있다. 자녀들과 함께하는 시간을 충분히 갖지 못하고 관심도 제대로 보이지 못하면 자녀들은 부모가 자기를 사랑하지 않는다는 심한 불안감을 경험한다는 것이다.

앨런은 48시간 동안 계속해서 일하고 24시간 쉬는 소방대원이다. 그는 '근무중'에는 소방서에 있고 쉬는 날은 돈을 더 벌기 위해 부업으로 페인트칠을 한다. 반면 그의 아내 헬렌은 간호사로서 밤에는 일하고 낮에는 잠을 잔다. 부부가 모두 밤에 일하는 날이면, 여덟 살인 조나단과 여섯 살인 데브라는 할머니와 잔다. 앨런과 헬렌은 조나단이 그들과 지나치게 많은 시간 떨어져 있는 것 같아 신경을 쓰게 되었다. 나중에 헬렌은 친구에게 "우리 부부가 그 애에게 말을 시켜도 아무 반응을 보이지 않아. 어렸을 때는 참 말이 많은 아이였는데."라고 말했다.

"그 애가 학교에 들어가기 전에는 내가 집에 있어서 거의 매일 오후에 공원에 갔었지. 조나단은 아주 말이 많고 늘 생기가 넘쳤어. 지금은 너무 변해서 도대체 무엇이 잘못되었는지 모르겠어."

헬렌의 친구 로지는 그때 마침 『5가지 사랑의 언어』를 읽었기 때문에 사랑의 언어와 자녀들과의 관계에 대한 내용을 기억했다. 그래서 그 내용을 복사해 헬렌에게 주며 도움이 될 거라고 했다. 2주일 후 헬렌은 로지에게 "책을 읽고 조나단의 사랑의 언어를 알았어. 돌이켜 보니 그 애가 나와 함께 있던 시간들을 참 즐겼던 것 같아. 그때는 말도 많고 활발했거든. 그런데 내가 일을 시작한 후부터 모든 것이 변한 거야. 그 애는 지난 2년간 사랑에 굶주렸어. 아이의 육체적인 필요는 충족시켜 주었지만 정서적인 필요는 제대로 충족시켜 주지 못했어."

헬렌과 로지는 조나단과 함께하는 시간을 헬렌이 어떻게 마련할지에 대해 의논했다. 왜냐하면 헬렌은 오후나 초저녁에 시간적 여유가 있지만 그 시간에 집안 일을 하거나 쇼핑을 하고, 가끔씩 친구들과 어울리기도 하고 드물긴 하지만 앨런과 함께 외출을 하기도 했다. 또한 조나단의 숙제도 돌봐주고 있었다. 헬렌은 골똘히 생각한 끝에 일주일에 두 번 정도 조나단과 함께할 수 있는 시간을 마련했다. "둘이서 늘 갔던 공원에 갈 수 있을 거야. 그러면 좋았던 추억이 되살아나겠지."

3주 후 헬렌은 친구에게 "일이 잘되고 있어. 그때부터 조나단과 일주일에 두 번 한 시간씩 함께 지냈는데 그 애에게 변화가 일어나고 있어. 처음엔 함께 다니던 공원에 가자고 하니 별로 좋아하는 것 같지 않았어. 그런데 한참 놀다가 올 때쯤 되면 조나단의 옛날 모습으로 돌아가는 거야. 일주일에 한 번씩 그 공원에 가고 다른 날 오후에는 함께 아이스크림을 사 먹으러 갔어. 갈수록 조나단이 말을 많이 해. 나와 함께하는 시간에 정서적으로 반응하기 시작했어."라고 말했다.

그리고 이렇게 덧붙였다. "앨런에게도 그 책을 읽어보라고 했어. 우리 부부도 서로의 사랑의 언어를 알아야 할 필요가 있다는 생각이 들었거든. 그가 내 사랑의 언어를 표현하지 않는다는 것을 알아. 나 역시 그의 사랑의 언어를 표현하지 않으니까. 앨런도 조나단과 더 많은 시간을 함께 보내는 것이 중요하다는 걸 깨달은 것 같아."

자녀들의 말

다음 네 명의 아이들은 자기의 제1의 사랑의 언어가 함께하는 시간이라고 매우 분명하게 말한다.

여덟 살인 베다니는 언제나 두 눈이 반짝거린다. "우리 식구들이 날 사랑하는 걸 알아요. 왜냐하면 무슨 일을 하든지 나를 꼭 끼워주거든요. 어떤 때는 식구가 모두 모여서 해요. 어린 동생까지요." 그리고 무엇을 하느냐는 질문에 이렇게 대답했다. "아빠가 지난 주일에 낚시터에 데리고 갔어요. 낚시에는 별 관심이 없지만 아빠랑 함께해서 너무 좋아요. 내 생일이 지나고 이틀 후 엄마랑 동물원에 갔는데 너무 재밌었어요."

제레미는 열두 살이다. "아빠가 절 사랑한다는 것을 알아요. 왜냐하면 아빠는 저와 함께 시간을 보내니까요. 아빠와 저는 많은 것을 함께해요. 아빠는 미식 축구 경기를 보러 갈 때 꼭 저를 데리고 가요. 엄마는 자주 몸이 아파서 저랑 시간을 보낼 수 없어요. 하지만 저를 사랑한다는 것을 알아요."

프랭키는 열 살이다. "엄마는 저를 사랑해요. 엄마는 제가 축구 시합을 할 때 오시고 시합이 끝나면 외식을 해요. 아빠가 저를 사랑하는지는 잘 모르겠어요. 사랑한다는 말씀은 하셨지만 우리 가정을 떠나셨거든요. 이제 다시는 아빠를 볼 수 없어요."

열여섯 살인 민디는 이렇게 말했다. "우리 부모가 저를 사랑하는 것을 어떻게 아냐고요? 두 분은 언제나 제가 필요로 하는 곳에 계시거든요. 저는 두 분과 무엇이든 의논할 수 있어요. 두 분은 저를 이해해주시고 현명한 결정을 할 수 있도록 도와주시죠. 2년 후 대학에 가면 두 분이 몹시 그리울 거예요. 하지만 그때도 두 분은 저와 함께 계실 거예요."

부모가 자기와 함께하는 시간을 몹시 원하는 자녀들뿐 아니라 그 밖의 다른 아이들도 분산되지 않은 집중된 관심을 부모들의 선물로 생각하며, 이는 곧 그들이 사랑받고 있다는 것을 확신시켜 주는 중요한 요인이 된다. 즉 당신이 자녀들과 시간을 함께 보내고 있다면 바로 자녀들이 평생 동안 기억할 추억거리를 만들고 있는 것이다.

당신은 자녀들이 당신과 함께 가정에서 지내는 동안 좋은 추억거리를 만들기 원할 것이다. 그들의 감정의 탱크가 늘 충분히 채워져 있을 때는 언제나 건전하고 기분 좋은 추억을 갖게 될 것이다. 부모로서 당신은 자녀들에게 이렇듯 건전하고 기분 좋은 추억을 만들어줄 수 있고, 또한 자녀들이 앞으로 살아갈 미래에 대해 균형 있고 안정된 행복을 확신할 수 있도록 도와줄 수 있다.

THE FIVE LOVE
LANGUAGES OF CHILDREN

5
사랑의 언어 #4 선물

열 살인 레이첼은 부모님이 자기를 사랑하는 것을 확실히 알 수 있다며 "내 방으로 가요. 그러면 보여드릴게요."라고 했다. 그리고 커다란 곰 인형을 가리키며 "엄마 아빠가 캘리포니아에서 사오신 거예요."라고 했다. 레이첼은 보드라운 광대 인형을 가리키면서, "내가 일 학년 때 사주신 거예요. 그리고 이 못난 원숭이 인형은 엄마 아빠가 결혼 기념일에 하와이에 다녀오시면서 사다 주셨어요."라고 했다. 레이첼은 방을 빙 둘러보더니 지난 몇 해 동안 부모에게서 받은 많은 선물을 가리키며 설명했다. 모든 선물은 하나하나 아주 소중하게 보관되어 있었고 부모의 사랑을 말해주었다.

선물을 주고받는 것은 매우 강력한 사랑의 표현이 될 수 있으며 줄 때 바로 전달되기도 하지만 오랜 시간이 흐른 후에도 계속될 수 있다. 가장 의미 있는 선물은 사랑의 상징이 된다. 그러므로 사랑을 전달하는 것들은 바로 사랑의 언어의 일부분이 된다. 그러나 부모들이 선물이라는 사랑의 언어를 표현해도 자녀는 여전히 부모가 자신을 진정으로 돌봐준다는 사실을 느끼기 원한다. 그렇기 때문에 선물과 함께 그 밖의 다른 사랑의 언어로도 사랑을 표현해야 한다. 즉 자녀의 감정적인 사랑의 탱크는 진실한 사랑의 표현인 선물에 이어 다른 사랑의 언어로도 채워져야 한다. 이는 바로 사랑의 탱크를 충분히 채우기 위해 부모들이 스킨십, 인정하는 말, 함께하는 시간, 봉사 등을 적절하게 혼합하여 표현해야 한다는 뜻이다.

줄리는 사랑의 언어를 통해 여섯 살짜리 말로리와 여덟 살짜리 머레디스를 더 잘 이해할 수 있었다고 한다. "남편과 나는 가끔 출장을 갑니다. 그때 두 딸은 할머니와 지냅니다. 출장에서 돌아올 때는 언제나 두 딸에게 줄 선물을 사 가지고 옵니다. 머레디스는 우리가 집에 도착하기 무섭게 선물 이야기를 하면서 언제나 말로리보다 더 많은 관심을 보이지요. 선물을 꺼내면 그 아이는 너무 좋아 팔짝팔짝 뛰고 소리를 지르면서 선물을 풀어요. 그리고 자기 방 안에 잘 가져다 놓고 우리에게 와서 보라고 합니다. 친구들이 놀러오면 가장 최근에 받은 선물을 보여줍니다."

머레디스와는 달리 말로리는 받은 선물에 대해 조용히 고맙다는 말을 하기는 해도 여행 자체에 더 많은 관심을 보인다. "말로리는 우리가 한 여행에 대해 자세히 듣고 싶어합니다. 엄마나 아빠에게 따로따로 묻기도 하고, 함께 있을 때 묻기도 해요. 무엇을 먹었는지도 물어봐요. 하지만 머레디스는 어디 갔었고 무엇을 보았냐고 묻는 정도랍니다."

누군가가 줄리에게 그러면 앞으로 어떻게 하겠냐고 묻자 그녀는 이렇게 말했다. "글쎄요, 나는 그 애들에게 계속 선물을 사줄 거예요. 내가 그렇게 하고 싶거든요. 말로리가 머레디스처럼 좋아하지 않아도 마음이 상하진 않아요. 전에는 말로리가 감사의 표현을 하지 않을 때 몹시 마음이 상하곤 했지만 이제는 알아요. 머레디스에게는 선물이 중요하고 말로리에게는 대화가 중요하다는 것을 말이에요. 남편과 나는 여행을 다녀온 뒤에는 좀 더 많은 시간을 말로리와 함께하려고 애쓰고 있어요. 보통 때도 그렇게 하지만요. 우리는 말로리에게 선물이라는 사랑의 언어를 가르치고 싶고 머레디스에게는 함께하는 시간이라는 사랑의 언어를 가르치려고 해요."

베푸는 은혜

사랑을 표현하는 수단으로 선물을 주고받는 것은 세계적인 현상이다. 영어의 '선물' gift은 그리스어의 '카리스' charis에서 온 말로 그 뜻은 '은혜, 혹은 과분한 선물'이다. 이런 뜻 이면에 담긴 사상은 선물이 당연히 받을 만한 것이라면 그것은 선물이 아니라 대가의 지불이라는 것이다. 진정한 선물은 봉사한 대가로 지불하는 것이 아닌 그 사람에 대한 사랑의 표현이고 주는 자가 자발적으로 기꺼이 주는 것이다. 지금 우리가 살고 있는 사회에서는 주는 것이 다 신실하지는 않다. 특히 사업상 주는 선물은 어떤 대가를 바라고 주는 것이며 앞으로 잘 봐달라는 일종의 뇌물과 같다. 주는 물품도 받는 사람의 유익을 위하기보다 재정적인 도움을 준 것에 대한 감사의 표현이거나 그 밖의 더 많은 사업상의 기여를 부탁하는 것이다.

부모가 자녀들에게 선물을 줄 때도 이런 구별이 있어야 한다. 자녀가 자기 방을 청소할 때 주는 선물은 단순한 선물이라기보다 청소라는 봉사에 대한 지불이다. 만일 앞으로 30분간 TV를 보지 않으면 아이스크림을 사주겠다고 자녀에게 약속한다면 그 아이스크림은 선물이 아니라 자녀의 행동을 조종하기 위한 일종의 뇌물이 된다. 자녀가 대가나 뇌물이라는 단어는 모를지라도 그 단어의 개념은 이해할 것이다.

부모들이 자녀들의 깊은 감정적인 사랑의 욕구를 무시한다면 진정한 선물을 주면서도 이런 혼동된 메시지를 보낼 수 있다. 사실 진실로 사랑받는 것을 느끼지 못하는 자녀는 선물이 조건적으로 주어지는 것이라고 생각하기 쉽다.

아들에게 심한 스트레스를 받는 엄마가 새 야구공을 사주었다. 그런데 나중에 보니 그 야구공이 화장실 변기에 있었다.

"제이슨, 도대체 공이 왜 여기 있지? 너 이거 좋아하지 않니?"

제이슨의 대답은 간단했다. "미안해요."

그 다음날에는 공이 쓰레기통에서 발견되었다. 그녀는 다시 제이슨에게 말했다. 그러나 제이슨은 공을 집어들고 "미안해요."라고 할 뿐이었다.

그 후 그녀는 특히 잠자리에 드는 시간에 제이슨의 사랑의 탱크를 채울 필요를 느끼고 거기에 주력하였다. 그러자 제이슨에게 즉각적인 변화가 일어났다. 몇 주 지나지 않아 그녀는 제이슨에게 야구 방망이를 선물로 주었다. 그랬더니 제이슨이 엄마의 품에 안기면서 "엄마, 고마워요!" 하고 미소를 지었다.

제이슨은 텅 빈 사랑의 탱크를 가졌지만 매우 유순한 아이였다. 이런 아이들은 자기의 아픔을 밖으로 표현하거나 욕구를 자유롭게 드러내지 않고 여러 가지 간접적인 방법으로 감정을 표현한다. 선물을 버리거나 무시하는 아이들은 이렇듯 무엇인가로 채워져야 하는 아이들의 전형적인 모습이다.

최상의 선물 주기

은혜를 베푸는 것은 선물의 크기나 가격과는 거의 관계가 없고 사랑으로 행하는 모든 것이다. 경제 대공황 때 사람들은 할머니, 할아버지로부터 크리스마스 선물로 오렌지 하나와 꼭 필요한 옷 한 가지를 받곤 했다. 오늘날의 부모들은 필수품을 선물로 생각하지 않고 당연히 자녀들에게 지급해야 하는 것으로 간주한다. 하지만 이런 필수품도 자녀들의 진정한 유익을 위해 사랑하는 마음으로 줄 수 있다. 이런 생각으로 자녀들에게 선물을 주자. 만일 우리가 사랑의 표현으로 선물을 주지 못하면 자녀들은 선물을 '당연히 받아야 되는 것'으로 생각하며 선물 이면에 있는 사랑을 느끼지 못할 것이다.

우리가 일상에서 주는 선물이 사랑의 표현이 되게 하는 방법을 몇 가지 제시하겠다. 새 학기가 시작될 때 새로 구입한 옷을 시간을 들여 정성껏 포장한 다음 식구들이 저녁 식탁에 둘러앉았을 때 자녀에게 주어라. 선물을 풀어 보는 것은 아이가 스릴을 느끼게 한다.

그러므로 선물이 필수품이건 사치품이건 상관하지 말고 사랑의 표현이 될 수 있도록 정성껏 포장해서 주라. 모든 선물을 이렇게 싸서 주고 그것을 풀어 보게 하면 자녀들이 다른 사람들로부터 선물을 받을 때 어떻게 반응해야 되는지를 가르칠 수 있다. 당신이 정성 어린 마음으로 그들에게 선물을 주면 그 선물이 크든 작든 상관없이 그들도 감사하는 마음으로 반응하게 될 것이다.

자녀들의 선물로 장난감을 구입할 때 한 가지 유의해야 할 점이 있다. 장난감 가게에서는 정말로 지혜가 필요하다. 인기 있는 물건이라고 반드시 구입할 필요는 없다. 그런 최신 유행 장난감들은 TV 광고를 통해 아이들 눈에 비친 것으로 60초 전만 해도 없었던, 창출된 욕구의 산물이다. 이런 욕구는 그 다음날 없어질 수 있다. 하지만 바로 그 순간에는 아이들이 그 장난감을 꼭 사야 하는 것으로 믿는다.

자녀에게 줄 장난감 구입이 광고업자들에게 좌우되어서는 안 된다. 장난감을 면밀히 검토하면서 '이 장난감이 우리 아이에게 무슨 메시지를 주는가? 이 메시지가 안전한가? 이 장난감을 가지고 놀면서 우리 아이는 무엇을 배울 수 있나? 그 영향은 긍정적인가, 부정적인가? 장난감이 튼튼한가? 그 장난감의 평균 수명은? 일시적 흥미를 위한 것인가, 계속 흥미를 가지고 놀 수 있는 것인가? 내가 사줄 수 있는 가격인가?' 등을 질문해보아야 한다. 그리고 이러한 질문에 확신이 없는 불필요한 장난감이라면 아예 사주지 말아야 한다.

모든 장난감이 교육적이어야 하는 것은 아니지만 장난감을 살 때는 자녀들에게 긍정적인 영향을 주는 것을 골라야 한다. 고도의 기술로 컴퓨터화된 장난감을 구입할 때는 특별히 주의해야 한다. 이런 것은 아이들을 당신의 가치 체계와 전혀 다른 가치 체계에 노출시킬 위험이 있기 때문이다. 아이들은 텔레비전, 이웃, 학교 친구 등으로부터 이러한 영향을 너무 많이 받고 있다.

왜곡된 선물 주기

조심하기 바란다. 다른 사랑의 언어를 표현하는 대신 단지 선물만 주면 된다는 유혹에 빠지면 안 된다. 많은 이유로 부모들은 자녀들에게 자기의 존재 자체가 선물이 되기보다 무엇을 주는 것만 선물이라 생각한다. 역기능 가정에서 자란 사람들은 정서적으로 개입하는 것보다 선물을 주는 것이 훨씬 더 쉽게 느껴진다. 자녀들에게 정말로 필요한 것을 어떻게 주어야 하는지에 대한 지식이나 시간, 인내심 등이 전혀 없는 사람들도 있다. 그들은 정말 자기 자녀들을 사랑한다. 하지만 정서적인 안정감이나 그들에게 필요한 자기 가치 의식을 어떻게 심어주어야 하는지는 모르는 것 같다.

바쁘고 풍요로운 사회에서 아버지들은 자녀들이 깨어 있는 시간의 대부분은 집에 없고 어머니들도 과반수 이상 직장 생활을 하기 때문에 가정에서 자녀들과 충분히 시간을 함께하지 못한다는 많은 죄책감이 있다. 자녀들을 일일이 잘 대해줄 수 없기 때문에 많은 부모들이 해외에 다녀올 때 선물을 사온다. 어쩔 수 없는 자신들의 생활로 인해 아이들을 돌보지 못하는 것을 만회하기 위한 수단으로 선물을 주는 것이다.

이렇듯 선물을 남용하는 것은 부모들의 별거나 이혼으로 자녀가 보호 부모와 사는 경우에 두드러지게 나타난다. 비보호 부모는 별거로 인한 아픔이나 가족을 떠났다는 죄책감에서 이런 선물을 쏟아붓는다. 이런 선물들은 지나치게 비싸거나 잘못 선택된 것, 혹은 보호 부모로부터 받은 선물과 비교되기도 하는데 이는 자녀의 사랑을 사기 위한 일종의 뇌물인 격이다. 또한 이것은 비보호 부모가 보호 부모에게 앙갚음을 하는 무의식적인 방편이 될 수도 있다.

이렇듯 잘못된 선물을 받은 자녀들은 언젠가 그것의 의미를 알게 될 것이다. 그리고 어느 쪽 부모든 한쪽이 진정한 사랑 대용으로 선물을 이용한다는 것을 깨닫게 될 것이다. 이것은 자녀들에게 물질주의를 심어 주고, 남을 기만하게 한다. 즉 선물을 부적절하게 사용함으로써 다른 사람의 감정과 행동을 다루는 법을 배운다. 그 결과 자녀들의 성격과 신실성에 비극적인 결과를 초래할 수 있다.

혼자서 세 명의 자녀를 키운 수잔이라는 여인을 예로 들겠다. 수잔은 찰스라는 남자와 3년 전에 이혼했고, 찰스는 두 번째 부인과 매우 호화로운 생활을 하고 있다. 수잔과 자녀들은 경제적으로 무척 힘든 생활을 하기 때문에 자녀들은 아빠를 만나러 가는 것을 매우 좋아한다. 열다섯 살인 리사, 열두 살인 찰리와 열 살인 애니는 한 달에 두 번 주말에 아빠를 만난다. 그러면 아빠는 그들을 데리고 스키나 보트 타기 등 돈이 많이 드는 놀이를 즐겼다. 아빠를 방문할 때마다 언제나 재미있기 때문에 아이들은 집에 있는 것을 점차 지겨워하면서 불평하기 시작했다. 그들은 가끔 매우 사치스러운 선물을 갖고 오기도 하고 아빠를 만나고 온 후 며칠간 불평을 늘어놓으면서 수잔에 대한 분노의 감정을 터뜨렸다. 찰스는 자녀들의 사랑을 얻기 위해 자녀들에게 수잔에 대한 험담을 늘어놓기도 했다. 그는 자녀들이 성장하면 자기들이 조종당한 것을 알고 오히려 아빠를 경멸할 것이라는 사실을 전혀 깨닫지 못했다.

다행스럽게도 수잔은 찰스를 설득해서 둘이 같이 상담을 받고 자녀들을 잘 다룰 수 있는 건전한 방법을 찾을 수 있었다. 그들은 자녀들의 감정적인 욕구를 충족시키기 위해 과거의 불화나 분노의 감정을 접어두었다. 상담을 하면서 그들은 사랑의 탱크를 충분히 채울 수 있는 전문가가 되었다. 찰스가 자녀들에게 5가지 사랑의 언어를 표현하게 되었고 조종할 목적이 아닌 사랑의 언어로서의 선물을 주었다. 그러자 자녀들도 매우 아름답게 반응했다. 자녀들을 위해 이미 이혼한 사람들이 함께 상담을 받고 협력한다는 것이 흔히 있는 일은 아니지만 더 많은 부모들이 이런 건설적인 방법을 택해야 한다.

 선물을 남용하는 또 다른 경우는 부모가 자녀에 대한 사랑이 크다는 것을 보여주려고 너무나 많은 선물을 준 나머지, 아이 방이 장난감 가게를 방불케 하는 것이다. 너무 지나치게 선물을 주면 선물 하나하나의 특별함을 잃어버리게 된다. 그리고 자녀는 자기가 필요로 하는 것 이상의 쓸모없는 장난감을 갖게 된다. 결국 모든 장난감이 아무런 의미를 가질 수 없게 되고 선물에 무감각한 반응을 보이게 된다. 또한 부모들은 자녀가 장난감을 잘 정돈하기를 기대하기 때문에 마침내 장난감들은 자녀들에게 짐이 될 수밖에 없다.

 비싼 장난감을 너무 많이 사주는 것은 마치 자녀를 장난감 가게에 데리고 가서 "전부 네 거야."라고 말하는 것과 같다. 처음에는 아이가 매우 흥분하겠지만 잠시 이리저리 뛰어다니며 놀다가 곧 시들해버리고 만다. 적당한 장난감은 자녀가 기쁨을 만끽하면서 관심을 집중시킨다. 이런 이유 때문에 부모들과 조부모들은 인상적인 것보다는 차라리 의미 있는 선물을 주의 깊게 선택하고, 많은 것보다는 다소 부족하게 선물을 주어야 한다.

의미 있는 선물 주기

자녀들에게 선물을 줄 때는 마음속에 지침을 세워둘 필요가 있다. 선물은 진정한 사랑의 표현이어야 한다. 봉사에 대한 대가나 뇌물을 선물이라 부르면 안 되고 사실 그대로를 인정해야 한다. 그래야 자녀들의 유익을 위해 선택된 사랑의 표현으로서의 선물이 진정한 선물이 된다.

크리스마스와 생일 외에도 당신과 자녀가 선물을 골라야 할 때가 많다. 자녀들이 성장하면서 이런 경향은 더 짙어진다. 자녀들은 옷, 신발, 가방 등에 점점 자기 주장을 갖게 된다. 꼭 필요하지 않은 장난감을 원할 수도 있다. 그러므로 그들이 원한다고 다 사줄 필요가 없으며 그들의 취향을 고려해야 할 것이다.

갖고 싶은 욕망이 일시적인 것인지 아니면 지속적인 것인지, 또 건전한 것인지 불건전한 것인지를 잘 식별해야 한다. 그리고 장난감의 효과가 긍정적인지 부정적인지도 알아보아야 한다. 당신이 할 수 있는 것은 자녀가 진정으로 원하는 것을 현명하게 선택하는 것이다.

그리고 모든 선물을 상점에서만 사야 하는 것은 아니다. 바람이 스치는 길을 따라 걸으며, 혹은 주차장을 걸어가다가도 특별한 선물을 발견할 수 있다. 들꽃, 특이한 돌, 떠도는 나무들도 잘 포장해서 특별하게 주면 선물로 아무 손색이 없다. 집안에 있는 것들 가운데 선물이 될 만한 것도 있다. 아주 어린 자녀들은 돈을 모르기 때문에 선물을 만들어 주든 사서 주든 별로 상관하지 않는다. 자녀들의 창의성을 자극하는 선물이라면 그것은 의미 있고, 당신과 자녀를 사랑으로 더욱 밀착시켜 줄 것이다.

에이미의 반지

선물을 받을 때 처음에는 그렇게 열광적인 반응을 보이지 않던 자녀들이 해를 거듭하면서 점점 소중하게 여기는 경우도 있다. 테드는 딸이 처음에는 선물을 주어도 시큰둥했지만 오랜 시간이 흐르면서 달리 생각한다는 것을 알게 되었다. 해외 여행을 갔다 올 때 그는 열두 살인 딸 에이미에게 반지를 사다 주었다. 그러자 에이미는 별로 좋아하는 기색 없이 반지를 서랍에 집어넣었다.

테드는 실망했지만 곧 반지에 대한 생각을 잊어버렸다. 그 후 에이미는 사춘기를 거치면서 부모님을 슬프게 하는 좋지 못한 행동을 많이 하였다. 때문에 테드는 에이미의 미래를 걱정했다. 그런 에이미의 태도와 행동이 극적으로 달라져 본래의 모습을 되찾았을 때도 아버지는 여전히 확신할 수가 없었다. 아버지가 에이미의 신실성에 의구심을 가지고 있었기 때문에 두 사람은 친밀한 관계를 갖기가 매우 어려웠다.

그런데 어느 날 테드는 에이미가 반지를 끼고 있는 것을 보았다. 그 반지는 에이미에게 문제가 있기 오래 전에 그가 사다준 것이었다. 눈물이 났다. 그는 딸이 자기에게 무엇을 말하려는지 깨달았다. 에이미는 이제 자신을 자제하게 되었으니 아빠가 자기를 믿어도 된다고 말하고 있었던 것이다.

테드가 에이미에게 왜 반지를 끼고 있느냐고 물었을 때 에이미는 자기가 변했다는 것을 믿어주기 바랐기 때문이라고 말했다. 두 사람은 함께 울었다. 그 후 에이미는 계속 좋은 모습을 보였다.

이 이야기는 선물이 얼마나 중요할 수 있는지를 상징적으로 보여준다.

자상한 부모가 에이미의 사랑의 탱크를 충분히 채워 주었더라면 에이미는 그런 깊은 문제에 빠지지 않을 수 있었다. 에이미가 사랑으로 주어진 선물을 받아들이거나 이해하기 전에 먼저 그녀의 감정적인 욕구가 채워졌어야 했다.

자녀의 제1의 사랑의 언어가 선물일 때

대부분의 아이들은 선물에 긍정적인 반응을 보이지만, 어떤 아이들은 선물을 받는 것이 제1의 사랑의 언어일 수 있다. 자녀들은 주로 무엇을 사달라고 조르는데, 이때 부모들은 그런 자녀들의 사랑의 언어가 선물이라고 생각하는 경향이 있다. 어른 아이 할 것 없이 사람들은 모두 무엇인가를 더 갖고 싶어한다. 하지만 사랑의 언어가 선물인 사람들은 선물을 받을 때 다른 사람들과 좀 다르게 반응한다.

제1의 사랑의 언어가 선물인 자녀들은 가능하면 많은 선물을 받으려고 한다. 그들은 포장된 선물을 받고 싶어하고 독특하고 창의적인 방식으로 주어지는 선물을 원한다. 이것이 모두 사랑을 표현하는 것이다. 그들은 포장지를 바라보고 선물 포장지에 붙은 리본에 대해 말한다. 선물을 열며 환호성을 지르기도 한다.

그들에게 선물은 정말 대단한 것 같다. 선물을 열면서 그들은 특별한 감정을 느끼고 거기에만 관심을 기울인다. 그들에게는 바로 그 순간이 가장 큰 소리로 사랑을 말하는 것임을 기억하라. 그들은 선물을 당신과 당신 사랑의 연장으로 본다. 그래서 그 순간 당신과 함께하기를 원한다. 일단 그들은 선물을 열고 나서 당신을 껴안고 수다스러울 정도로 고맙다는 말을 계속한다.

이런 자녀들은 자기 방 특별한 곳에 새로 받은 선물을 자랑스럽게 전시해 놓는다. 그들은 친구들에게 자랑하고 당신에게도 며칠 동안 계속 보여줄 것이다. 그것이 정말 너무 좋다고 말하기도 할 것이다. 선물은 사실 사랑하는 마음의 표현이기 때문에 그들 마음의 특별한 장소에 자리잡게 된다.

그들은 선물을 볼 때마다 사랑을 느낀다. 선물이 무엇으로 만들어졌는지, 어디서 발견했는지, 어떻게 구입했는지는 문제가 되지 않는다. 그들이 원한 것이든 아니든 별 문제가 되지 않는다. 그들에게 중요한 것은 당신이 그들을 생각했다는 사실뿐이다.

자녀들의 말

다음의 자녀들이 말하는 것은 선물이 사랑을 가장 잘 전달할 수 있음을 보여준다.

다섯 살인 프랭키는 유치원에 간 다음날 할머니에게 말했다. "할머니, 우리 선생님은 나를 사랑해. 이것 봐. 우리 선생님이 나한테 준 거야." 그는 선생님의 사랑의 증거로 큰 숫자가 선명하게 찍혀 있는 자를 보여주었다.

여섯 살인 리사는 다음과 같이 말했다. "아이들을 사랑하는 사람을 만난 적이 있으세요? 바로 저 사람이에요. 저 할아버지는 모든 아이에게 껌을 줘요." 리사에게는 그 노인이 아이들을 사랑하는 사람이다. 그가 선물을 주기 때문이다.

열다섯 살인 미셸은 부모님이 자기를 사랑하고 있는 것을 어떻게 알 수 있냐는 질문을 받고 조금도 주저함 없이 블라우스, 치마, 신발 등을 가리켰다. 그리고 이렇게 말했다. "제가 갖고 있는 것은 모두 부모님이 사주신 거예요. 그게 사랑인 것 같아요. 부모님은 제게 필요한 것뿐 아니라 그 이상을 사주세요. 그래서 친구들과 나눠 쓰기도 해요."

열여덟 살인 크리스는 몇 주 후 대학에 가기 위해 집을 떠난다. 부모님이 자기를 사랑하는 것을 어떻게 알 수 있는지 0에서부터 10까지의 숫자 중에서 표시해보라고 하니 "10이요."라고 잘라 말했다. "왜 10이라고 말했지?"라고 했더니 빨간 자동차를 가리키면서 "이 차를 보세요. 부모님이 제게 주셨어요. 저는 고등학교 때 최선을 다하지 못했기 때문에 정말 받을 자격이 없는데 부모님은 제가 얼마나 자랑스러운지 모른다고 말씀하셨어요. 이 차는 바로 부모님의 사랑의 표현이에요."라고 말했다.

"고등학교 때도 필요한 스포츠 용품이나 옷가지들을 모두 사주셨어요. 저는 부모님의 관대한 마음을 이용해서 뭘 사달라고 하지 않았어요. 그렇지만 그분들이 저를 사랑한다는 사실은 확실해요. 이제 대학에 가기 위해 집을 떠나는데 부모님이 많이 보고 싶을 거예요."

이런 자녀들에게 선물은 물질 그 이상이다. 선물은 눈에 보이게 크게 사랑을 표현하는 방법이다. 선물이 파괴되거나 그것을 잃어버리기라도 하면 아이는 굉장한 충격을 받을 것이다. 그래서 선물을 준 부모가 그것을 가져 가거나 또는 망가트리고서 퉁명스럽게 "미안하다만, 내가 준 거잖아."라고 말하면 그 자녀는 몹시 실망할 것이다. 제1의 사랑의 언어가 부정적인 방법으로 표현되었기 때문에 아이는 굉장한 고통을 느낄 것이다.

 이런 자녀들의 사랑의 탱크는 충분히 채워져야 한다. 사랑이 없으면 그들은 최선을 다하면서 성장할 수 없을 것이다. 당신이 자녀들의 사랑의 탱크를 계속 채워준다 해도 자녀들은 당신이 그들에게 얼마나 많은 사랑을 주고 있는지 모를 수 있다는 사실을 기억하기 바란다. 하지만 나이가 들면서 그들은 과거를 회상하고 당신의 사랑과 당신의 존재 자체가 자기들에게 가장 좋은 선물이었다는 사실을 깨닫게 될 것이다.

THE FIVE LOVE
LANGUAGES OF CHILDREN

6
사랑의 언어#5 봉사

제레미는 지금 막 직장 생활을 시작했고 내년 여름에 결혼할 계획이다. 그는 다음과 같이 어린 시절을 회상했다. "제가 가장 사랑받는다고 느꼈을 때는 부모님이 여러 면에서 도와주실 때예요. 어머니는 일하시면서도 음식을 직접 만들어주셨는데 지금도 그 맛이 생생해요. 아버지는 제가 자전거를 고치고 있으면 항상 도와주셨지요. 두 분은 큰일이든 작은 일이든 상관하지 않고 저를 참 많이 도와주셨어요. 물론 지금은 그때보다 훨씬 더 잘 알고 있지만 그때도 저를 돕기 위해 두 분이 너무도 열심히 일하셨던 것을 알았고 그래서 늘 감사하게 생각했습니다. 저도 언젠가는 제 자녀들에게 똑같이 해주고 싶습니다."

어떤 사람들은 봉사를 그들의 제1의 사랑의 언어로 표현한다. 당신의 자녀가 그렇지 않다 해도 이 사실은 기억하기 바란다. 즉 부모는 봉사하는 직업이다. 당신이 자녀를 갖게 된 사실을 안 바로 그날은 당신이 봉사라는 직업에 등록한 날이다. 당신의 계약서에는 최소한 18년간 봉사해야 하고 그 이후에도 몇 년간 '적극적으로 봉사할' 것을 각오해야 한다는 내용이 적혀 있을 것이다.

당신은 봉사해야 하는 부모로서 이 사랑의 언어의 또 다른 진리를 발견할 것이다. 봉사라는 사랑의 언어는 육체적, 정서적 요구를 포함한다. 그러므로 부모들은 자신의 육체적, 정서적 건강에 주의를 기울여야 한다. 육체적 건강을 위해서는 균형 있는 수면과 음식 섭취와 운동이 필요하다. 정서적 건강을 위해서는 자기 이해와 상호 협력하는 부부 관계가 중요하다.

누구에게 봉사하는가

봉사를 생각할 때 우리는 '누구에게 봉사하는가?' 자문해보아야 한다. 봉사는 자녀들에게만 하는 것이 아니다. 부부 간에도 사랑을 표현하기 위해 배우자가 좋아하는 것을 한다. 당신은 봉사로 배우자의 사랑의 탱크를 채워주려고 한다. 자녀에게는 균형된 삶의 모범을 보여주는 아버지와 어머니가 필요하기 때문에 당신의 좋은 부부 관계를 위하여 시간을 내는 것은 좋은 부모가 되는 데 필수적이다.

물론 부모가 자녀들에게 봉사하는 것은 당연하지만 그 근본 목적이 그들을 기쁘게 하기 위한 것이어서는 안 된다. 봉사의 주된 목적은 최선의 것을 해주는 것이다. 자녀를 순간적으로 가장 기쁘게 하는 것이 사랑을 가장 잘 표현하는 방법이라고 말할 수 없다. 자녀들에게 봉사하는 주된 동기는 최선의 것을 해주는 것, 즉 자녀들의 사랑의 탱크를 채우기 위해 노력하는 것이다. 자녀들의 사랑의 욕구를 충족시키기 위해서는 다른 사랑의 언어와 더불어 봉사라는 사랑의 언어를 표현해야 한다.

마지막 사랑의 언어를 살펴보기 전에 유의해야 할 사항이 있다. 봉사라는 사랑의 언어를 자녀들의 조종 수단으로 사용해서는 안 된다. 사실 우리는 이렇게 하기 쉽다. 왜냐하면 어린 자녀들은 다른 어떤 것보다 선물이나 봉사를 받고 싶어하기 때문이다. 그러나 자녀들이 요구하는 대로 다 해주면 그들은 커서도 어린아이같이 자기 중심적이고 이기적인 사람이 된다. 하지만 이런 주의 사항이 있다고 해서 자녀들에게 봉사와 선물과 같은 사랑의 언어를 사용하지 않으면 안 된다.

부모의 봉사는 자녀들에게 봉사와 책임감을 심어주는 본보기가 될 수 있다. 자녀들에게 봉사하면 독립심과 능력을 개발시켜 나갈 수 있을지 걱정될 수 있다. 그러나 자녀들이 스스로 할 수 없는 것들을 도와주면서 봉사로 사랑을 표현하는 것은 본보기를 제시하는 것이다. 그러면 그들이 자기 중심에서 벗어나 다른 사람들을 도울 수 있게 된다. 즉 이것이 바로 우리 부모들의 궁극적인 목적이다.

자녀들의 연령에 맞는 봉사

사랑의 탱크가 충분히 차 있는 자녀들은 부모의 사랑이 불확실한 자녀들보다 봉사라는 사랑의 언어를 더 선호한다. 이러한 봉사의 사랑의 언어는 연령에 맞게 표현되어야 한다. 즉 자녀들이 스스로 할 수 없는 것들을 해주어야 한다. 여섯 살인 아이에게 음식을 먹여줄 필요는 없다. 네 살짜리를 위해서는 침대를 정리해주지만 여덟 살이 되면 아이 스스로 하게 해야 한다. 자녀들이 대학에 갈 때 세탁기나 건조기의 사용 방법을 모르면 그대로 보내지 마라. 대학에서는 그것을 가르쳐주지 않는다. 너무 바쁘다고 세탁기 사용법을 가르치지 못한 부모나, 자녀가 빨래하는 것이 미덥지 않다고 생각하여 세탁기 사용법을 가르치지 않는 완벽주의자들은 자녀들을 사랑하는 것이 아니라 그들을 불구자로 만드는 것이다.

그러므로 봉사에는 중간 단계가 있다. 어른들은 자녀들에게 봉사하지만 그들이 스스로 할 나이가 되면 스스로 하는 방법을 가르치고 또한 남들에게 봉사하는 것도 가르쳐야 한다. 하지만 이것은 결코 쉬운 일이 아니며 빠르게 이루어지는 것도 아니다. 자녀에게 식사를 준비하도록 가르치는 것보다 당신이 직접 준비하는 것이 훨씬 더 빠르다. 당신의 목표가 단지 자녀들로 하여금 음식을 식탁에 내놓게 하는 것이라면 당신이 음식을 만드는 것이 나을 것이다.

그렇지만 자녀를 사랑하는 것이 목적이라면 그들의 관심거리가 무엇인지 잘 관찰해서 요리하는 법을 가르쳐 줄 수 있다. 가르치는 동안이나 그 전에라도 자녀들에게 가장 좋은 자극제가 되는 것은 당신이 가족을 위해 오랫동안 해온 그대로의 진정한 봉사의 모습을 그들이 보게 하는 것이다.

또한 당신이 자녀들에게 해주는 어떤 봉사 행위는 자녀들이 결코 습득할 수 없는 매우 숙련된 고도의 기술이 요구됨을 명심하기 바란다. 우리 모두는 서로 다른 개성을 지니고 있다. 그러므로 가정에서 각자 할 수 있는 일을 하며 서로 섬긴다. 부모로서 우리가 주의해야 할 것은 자녀들에게 어른의 복사판이 되라고 강요해서는 안 된다는 것이다. 더 나쁜 것은 부모가 이루지 못한 꿈을 자녀들을 통해 이루려는 것이다. 오히려 그들이 흥미로워하는 것에 따라 자기의 기술을 개발하도록 도와주면 하나님으로부터 받은 천부적인 재능을 발휘할 수 있을 것이다.

때에 맞는 봉사

자녀들이 자기의 기량이나 독립심을 발전시키기 원하는 부모 중에는 지나치게 자녀들이 스스로 알아서 하도록 방치하는 부모가 있다. 콜로라도에서 온 윌과 캐시의 경우가 그랬다. 그들은 자신들이 강한 독립심과 자립심을 갖고 개척자 정신으로 살았기에, 두 아들도 그렇게 키우고 싶었다.

윌과 캐시는 결혼 세미나에 참석해 '5가지 사랑의 언어'에 대해 들은 후 봉사는 사랑의 언어 가운데 하나가 될 수 없다는 결론을 내렸다. 윌이 이렇게 말했다. "나는 자녀들이 스스로 할 수 있는 것을 부모가 대신 해줄 필요는 없다고 생각합니다. 자녀들이 할 일을 대신 해준다면 어떻게 독립심을 가르칠 수 있겠습니까? 그들 스스로 배의 키를 조절하는 법을 배워야 합니다." 그래서 나는 "당신 아들들은 자기들이 먹을 것을 스스로 요리합니까?"라고 물었다. 그러자 "그건 내가 하지요. 아이들은 다른 것을 합니다."라고 캐시가 대답했고 이어서 윌이 "우리가 캠핑할 때는 그들도 요리를 하는데 썩 잘합니다."라고 말했다. 이들 부부는 분명히 두 아들을 자랑스러워하고 있었다.

"사랑의 언어에 대한 세미나를 들은 후 아들들의 사랑의 언어에 대해 생각해 보셨습니까?" "모르겠어요." 윌이 대답했다. "아들들이 진정으로 사랑받는다고 느끼는 것 같습니까?" "그런 것 같아요. 아마 그래야 하겠지요." "아들들에게 그런 질문을 해보셨나요?"라고 재차 물었다. "그게 무슨 말이지요?" "내 말은 자녀들 각자에게 '애야, 한 번도 물어본 적이 없지만 중요하기 때문에 묻고 싶은 게 있다. 내가 너를 사랑하는 것을 느끼니? 솔직히 말해라. 네가 어떻게 느끼고 있는지 알고 싶구나.'라고 질문해 보라는 것입니다."

윌은 잠시 말이 없었다. "그건 힘들 것 같은데요. 꼭 그렇게 물어볼 필요는 없을 것 같군요." 나는 "반드시 필요한 것은 아니지요. 하지만 당신이 물어보지 않으면 평생 그 아이들의 사랑의 언어를 알 수 없을 겁니다."라고 대답했다.

윌은 "당신이 물어보지 않으면 평생 그 아이들의 사랑의 언어를 알 수 없을 겁니다."라는 말을 귀담아 듣고 집으로 돌아갔다. 그는 막내아들 벅과 단둘이 집에 있을 때 헛간 뒤에서 물어보았다. 그러자 벅이 이렇게 대답했다.

"그럼요, 아빠. 아빠가 저를 사랑하시는 것을 알아요. 아빠는 저랑 함께 시간을 보내주시잖아요. 읍내에 갈 때도 언제나 저를 데리고 가시고 캠핑을 할 때도 시간을 내서 함께 이야기하시고요. 그렇게 바쁘신데도 시간을 내서 저와 함께하시는 것은 저를 특별히 생각하시기 때문이잖아요."

윌이 감격하여 말문이 막히자 벅은 놀라 "그런데 왜 그러세요?" 하고 물었다. "아니야. 그저 내가 너를 사랑하고 있다는 사실을 네가 알고 있는지 알고 싶었을 뿐이야."

윌은 열일곱 살인 제이크에게 일주일 후 똑같은 질문을 했다. 어느 날 저녁 식사를 끝내고 윌은 제이크에게 말했다. "전에 한 번도 물어 본 적이 없는 질문을 해도 되겠니? 너무 중요해서 꼭 알고 싶단다. 말하기 좀 힘들 수 있지만 솔직히 말해주었으면 한다. 아빠가 너를 사랑한다는 것을 느끼고 있니? 솔직히 말해보렴."

잠시 침묵을 지키더니 제이크는 "아빠, 어떻게 말해야 좋을지 모르겠어요. 제 생각에는 아빠가 저를 사랑하시는 것 같아요. 하지만 어떤 때는 그렇게 느끼지 못할 때도 있어요. 어떤 때는 아빠가 저를 전혀 사랑하시는 것 같지 않아요."

"그때가 언제니?"

"아빠의 도움이 필요한데 도와주시지 않을 때요. 아빠가 40대가 되신 이후부터일 거예요. 저는 벅을 보내 아빠의 도움을 요청하곤 했지요. 동생은 제게 와서 제가 스스로 할 수 있으니 혼자 해결하라고 했다는 아빠의 말을 전했죠. 결국 벅과 함께 그 문제를 해결하긴 했어요. 하지만 왜 아빠가 도와주시지 않는지 의아했지요. 아빠가 제게 자립심을 키워주시려는 것이라고 생각했지만 계속 저를 사랑하지 않는다는 느낌이 들었어요. 열 살 때 어려운 수학 문제로 고심하다가 아빠에게 도움을 요청했더니, 아빠는 제가 똑똑하기 때문에 혼자서도 할 수 있다고 했어요. 아빠는 그런 문제를 잘 알기 때문에 그냥 제 곁에 오셔서 조금 설명만 해주셔도 되었는데 말이에요. 그때는 아주 상심했었어요. 제 차가 고장났을 때도 고쳐달라고 부탁했었죠. 그랬더니 제가 할 수 있다는 말씀만 하셨어요. 제 힘으로도 할 수 있었죠. 하지만 아빠가 오셔서 좀 보고 도와주시길 바랐던 거지요. 그럴 때마다 아빠가 제게 무관심하다고 생각했어요. 아빠가 저를 사랑하시는 것을 알지만 언제나 저를 사랑하시는 것 같진 않았어요."

이 말을 듣고 윌은 거의 울상이 되었다. "애야, 정말 미안하구나. 네가 그렇게까지 생각하는 줄 몰랐어. 진작 물어보았어야 했는데. 네게 독립심과 자립심을 키워주려고 그랬던 거야. 너는 아주 잘 해냈지. 아빠는 네가 무척 자랑스러웠어. 그래서 내가 너를 사랑한다는 것을 느끼고 있는지 알고 싶었던 거야. 다음부터는 네가 도움이 필요할 때 도와줄게. 내게 다시 기회를 주렴." 아빠와 아들은 아무도 없는 부엌에서 뜨겁게 포옹했다.

7개월 후, 제이크의 차가 개천에 빠졌을 때 윌이 도와줄 수 있는 기회가 왔다. 두 아들이 빠진 차를 빼내려고 2시간 동안 씨름했지만 할 수 없었다. 결국 제이크는 아버지에게 벅을 보냈다. 벅은 아버지의 반응을 믿을 수 없었다. 즉시 말에 안장을 놓고 벅을 뒤에 태우더니 개천으로 달려간 것이다. 차를 빼고 나서 아버지가 제이크 형을 안더니, "아들아, 고맙구나."라고 하자 벅은 어리둥절했다. 그때 부엌에서 시작된 두 사람의 사랑이 이곳 냇가에서 절정을 이루었던 것이다. 무뚝뚝한 카우보이 목장주는 아주 귀한 교훈을 얻게 되었다.

사랑의 봉사

자녀에게 하는 봉사는 오랜 세월에 걸쳐 다른 많은 일과 함께하는 것이기 때문에, 부모들은 매일 하는 평범한 행위들이 자녀들 삶에 오래도록 영향을 미치는 사랑의 행위라는 사실을 잊어버리기 쉽다. 때때로 부모들은 사랑의 봉사자라기보다는 노예가 되어 배우자나 자녀들이나 그 밖에 다른 사람들에게 혹사당한다는 느낌을 받을 수 있다. 그러나 이런 마음을 가지면 그대로 자녀들에게 전달되어 부모들의 봉사 행위에서 사랑을 거의 느끼지 못할 것이다.

사랑의 봉사는 절대 노예 행위가 아니다. 노예 생활은 외부 압력에 의해 억지로 하는 것이다. 사랑의 봉사는 내적인 동기로 다른 사람에게 나의 에너지를 주는 것이다. 사랑의 봉사는 반드시 해야만 하는 것이 아니라 선물이요, 강요가 아니라 자발적으로 하는 것이다. 부모들이 적개심이나 씁쓸한 마음으로 자녀에게 봉사하면 그들의 외적인 필요는 충족시킬지 모르나 정서 발달에는 상당한 손상을 입힐 것이다.

봉사는 매일매일 하는 것이기 때문에 훌륭한 부모라도 지금 당장 일손을 멈추고 자기들이 하는 봉사가 자녀들에게 사랑으로 전달되는지 점검해보아야 할 것이다.

봉사의 궁극적인 목적

자녀들에게 하는 봉사의 궁극적인 목적은 봉사를 통해 다른 사람들을 사랑할 수 있는 성숙한 어른이 되도록 돕는 것이다. 이런 봉사는 자녀들로 하여금 사랑하는 것을 소중히 여기게 할 뿐 아니라 자기가 베푼 사랑에 반응할 수 없는 사람들도 사랑하게 한다. 부모들이 가족뿐 아니라 다른 사람들에게도 봉사하는 것을 보면서 자란 자녀들은 자신들도 그대로 할 것이다.

성경은 희생하는 봉사가 하나님을 기쁘시게 하는 것이라고 말한다. 예수님은 어느 저명한 종교 지도자의 집에서 식사하실 때 자기를 청한 자에게 이렇게 말씀하셨다.

> 네가 점심이나 저녁이나 베풀거든 벗이나 형제나 친척이나 부한 이웃을 청하지 말라 두렵건대 그 사람들이 너를 도로 청하여 네게 갚음이 될까 하노라 잔치를 배풀거든 차라리 가난한 자들과 몸 불편한 자들과 저는 자들과 맹인들을 청하라 그리하면 ……네게 복이 되리니(눅 14:12-14).

얼마나 놀라운 말씀인가! 이런 것이 바로 우리가 자녀들에게 원하는 것이다. 즉 진정한 사랑을 가지고 공감하는 마음으로 남에게 봉사하는 것이다. 하지만 우리 자녀들은 아직 성숙한 어른이 아니다. 그들은 천성적으로 자기 중심적이어서 이타적인 동기로 다른 사람들에게 봉사한다는 것을 기대할 수 없다. 그들은 자기의 선행을 보상받고 싶어한다. 그들이 이타적인 사랑의 봉사 행위를 하게 되기까지는 긴 시간이 필요하다.

본보기가 됨

이러한 궁극적인 목적에 어떻게 도달할 수 있을까? 첫째는 자녀들이 정말 사랑과 보살핌을 잘 받는다고 느끼는지 확인해야 한다. 부모들은 그들의 사랑의 탱크를 늘 충분하게 채워주어야 한다. 또한 우리가 그들의 본이 되어야 한다. 그들은 부모가 하는 것을 보고 처음으로 사랑의 봉사를 체험한다. 그들이 성장하면서 감사의 표현을 할 수 있게 되면 점진적으로 명령에서 부탁하는 말투로 바꿔야 한다. 무엇을 하라고 명령을 받으면 감사하고 싶은 생각이 들지 않을 것이다. "아버지께 고맙다고 해라."는 표현과 "아버지께 고맙다는 말을 하면 어떨까?"라는 말은 분명 다르다. 부탁하는 말은 진정시키는 힘이 있고 분노를 가라앉히고 우리를 긍정적이고 기분 좋게 만든다.

자녀들은 나이가 들면서 점차 자신이 어떤 봉사를 받고 있으며 또 과거에는 어떤 봉사를 받았는지 생각하게 될 것이다. 물론 기저귀를 누가 갈아주었는지, 먹을 것을 누가 챙겨주었는지 기억하는 사람은 아무도 없다. 하지만 그들은 다른 부모들이 아기를 돌보는 것을 보고 자기 부모들도 이런 봉사를 즐겼다는 것을 알게 된다. 정말 사랑받는다는 것을 확신하면 음식을 만들어줄 때 감사할 수 있다. 자전거 타는 것을 가르치고, 숙제할 때 도와주고, 아플 때 돌봐주고, 상심할 때 위로해주고, 좋은 곳에 데려다주고, 선물을 사주는 등 부모가 자기를 위해 하는 놀이나 시간 할애를 더 소중히 여길 것이다.

이런 자녀들은 부모가 다른 사람에게 하는 봉사도 주시할 것이다. 이들은 어디서든지 몸이 불편한 사람을 먼저 배려하고 가난한 사람들을 구제하는 법도 배울 것이다. 그들은 다른 사람을 돕는 행사에 참가하고 싶어하며, 특히 이런 일들은 그들을 일상으로부터 벗어나게 한다. 불행한 사람들을 돕기 위해 멀리 여행할 필요가 없다. 어느 곳이나 크든 작든 도움이 필요한 사람들이 있다. 가족, 혹은 어떤 단체나 교회와 더불어 불우한 아이들을 위한 캠프, 급식소, 구제소, 양로원 등에서 하는 봉사 활동에 하루나 일주일간 참여할 수도 있다. 자녀들이 부모와 함께 이런 봉사 활동을 하면 그 활동 자체가 다른 사람들을 기쁘게 도울 수 있다는 아주 소중한 교훈을 얻게 된다.

물론 해외에서 근무를 하거나 사설 기관에서 봉사하는 아주 이색적인 경험을 할 수도 있다. 나는 일년간 볼리비아에서 기독교 선교 기관인 위클리프 성경 번역회에서 자원 봉사 의사로 일한 적이 있다. 그때 우리 가족도 와서 함께 봉사했다. 세 살짜리 인디언 소년이 다리를 몹시 다쳐 우리 진료소에서 치료해준 적이 있다. 그 아이는 6주 동안 다리의 근육 수축으로 인해 움직일 수 없었다. 그때 선교사 자녀들이 다친 소년을 도와주었다. 크리스마스에 여덟 살이었던 내 딸 캐리가 자기가 가장 소중히 여기는 새 인형을 그 소년의 여동생에게 주는 것을 보고 나는 감격했다.

자녀들의 행동 바꾸기

사회 봉사나 선교 활동은 봉사 활동을 하여 다른 사람들을 돕고자 하는 진심 어린 욕구에서 나오는 것이다. 하지만 부모들이 잘못하여 실제로 자녀들이 이타적인 삶을 사는 것을 막을 수 있다. 부모들은 봉사 행위에서 조건적인 사랑을 보여주지 않도록 조심해야 한다. 자녀들이 착한 행위를 할 때만 사랑해주면 이는 조건적인 사랑이 된다. 이렇게 되면 부모들을 주시하는 자녀들은 암암리에 무엇인가 자기에게 유익이 되는 사람만 사랑한다는 사실을 배울 것이다.

많은 부모는 자녀들의 행동을 바꾸고 싶어한다. 심리학자들은 이러한 수정이 바로 행동 수정을 통해 가능하다고 말한다. 이는 긍정적이거나 부정적인 강화로 어떤 행동에 대해 상이나 벌을 주는 것이다. 이것은 행동을 바꾸려 하지 않는 아이의 반복되는 문제를 다루는 데 조금 효과가 있다. 하지만 행동 수정이 봉사와 결부되어서는 안 된다. 이는 사람을 조종하는 것이다. 봉사는 남을 배려하는 관심과 사랑으로 이루어져야 한다. 이런 동기로 봉사하면 시간이 지남에 따라 자녀들의 행동은 바뀌게 된다.

'내게 유익이 되는 것은 무엇일까?'라고 생각하는 것이 일반적인 사회 통념이다. 이는 사랑의 언어인 봉사와 정반대 개념이다. 그리고 기독교 사회 봉사나 선교 활동의 정신과도 거리가 멀다. 행동 수정 방법이 70년대에 한창 유행했는데 오늘날 자녀를 키우는 많은 부모가 그 영향을 받았다. 당신이 바로 그런 고정 관념을 가지고 자녀를 키우는 사람 가운데 하나일지도 모른다. 당신은 자녀를 전인적인 인간으로 양육하고 싶을 것이다. 그들이 다른 사람에게 친절하기를, 특히 아무 대가를 바라지 않고도 불행한 사람들에게 관대한 사람이 되길 바랄 것이다. 그러나 물질주의가 팽배한 탐욕스러운 사회에서 과연 그런 일이 가능할까 의아할 수 있다.

그러나 분명히 가능하다. 하지만 당신에게 달려 있다. 자녀들은 당신이 자녀들에게 원하는 좋은 점들을 당신의 모습 속에서 먼저 보고 싶어한다. 그들은 당신이 먼저 그들에게 사랑의 봉사를 해주기 원하고, 다른 사람들에게 하는 것에 함께 참여하고 싶어한다. 즉 당신이 다른 사람들에게 봉사하는 것을 보여줌으로써 자녀들을 가르칠 수 있다.

환대의 사례들

환대를 가장 잘 가르칠 수 있는 방법 가운데 하나는 집에서 손님을 접대하는 것이다. 손님 접대는 가장 귀한 일이다. 왜냐하면 이런 봉사를 통해 서로를 알게 되고 돈독한 우애를 가지게 되기 때문이다. 당신 가정을 다른 사람들에게 개방하면 자녀들은 친구나 가족 간에 사랑을 의미 있게 나누는 법을 배울 것이다.

요즘 사람들은 가정에서 모이는 대신 보통 식당에서 모임을 갖는다. 하지만 가정에는 따뜻함과 친밀함이 있다. 다른 사람들과 좋은 관계를 촉진시키는 것은 매우 중요한데 이런 일은 가정에서 더 잘 이루어진다.

70년대 초 매주 금요일 저녁에 대학생들에게 우리(채프먼) 집을 개방했다. 학생들은 웨이크 포리스트 대학을 비롯해 인근에 있는 대학에 다니는 학생들로 20명에서 60명까지 될 때도 있었다. 형식은 간단했다. 오후 8시에서 10시 사이에 함께 모여 성경 구절로부터 인간 관계, 도덕성, 사회 문제 등을 주제로 토의했다. 그 다음에는 개인적인 이야기를 하면서 간식을 먹었다. 자정이 되어서야 헤어져 귀가했다.

그때 우리집 아이들인 셸리와 데렉은 손님들 사이를 왔다 갔다 했다. 그러다가 한 학생 무릎을 베고 벽난로 옆에서 잠을 자기도 하고 어떤 학생과 한참 동안 대화를 하기도 했다. 그때 함께했던 학생들은 우리의 확장된 가족이었으며 우리 아이들은 금요일 저녁을 늘 손꼽아 기다렸다.

어떤 때는 토요일 아침에도 '선을 행하라.' 는 행사에 참가하려고 오는 학생들이 있었다. 우리는 자동차에 물건을 가득 싣고 가서 노인들에게 나누어주며 그들을 대신해 낙엽을 긁어모으고 도랑을 치워주었다. 셸리와 데렉도 언제나 따라다녔다. 거기서 자기들도 갈퀴를 집어들고 낙엽을 모으기도 하고 긁어 모아 둔 낙엽 위에 올라가 즐겁게 뛰놀기도 하였다.

이제 어른이 된 셸리와 데렉은 그때 학생들과 함께 봉사했던 일을 어린 시절의 추억거리로 생각한다. 지금 산부인과 의사인 셸리는 보우먼 그레이 의과 대학 학생들과 이야기를 나눴던 것이 의사를 직업으로 선택하는 데 큰 영향을 미쳤다고 말했다. 그녀와 데렉은 둘 다 사람을 매우 좋아한다. 데렉은 겨울에 거리의 집없는 사람들을 집에 데려가서 재워주곤 한다(이런 일을 하라고 우리가 가르쳤을까?). 가정을 남에게 개방하고 가족이 함께 남에게 봉사하는 일을 하면 자녀들에게 상당히 긍정적인 영향을 줄 것이다.

자녀들이 남에게 자연스럽게 봉사할 수 있는 사람이 되도록 가르쳐라. 자녀들은 이것을 저절로 습득하지 못한다. 그들은 부모가 남을 위해 하는 봉사를 보고 배운다. 또 당신이 봉사할 때 당신을 돕도록 조그만 일이라도 맡겨서 같이 하게 할 때도 배울 수 있다. 그리고 자녀가 자라감에 따라 봉사의 분량을 더 늘려갈 수 있다.

자녀의 제1의 사랑의 언어가 봉사일 때

진정한 사랑의 표현으로서의 봉사는 자녀들 대부분에게 사랑을 잘 전달할 것이다. 더욱이 봉사가 자녀의 제1의 사랑의 언어라면 당신이 하는 봉사로 그들은 당신의 사랑을 가장 잘 느낄 것이다. 자녀가 자전거를 고쳐달라고 하든지, 인형 옷을 고쳐달라고 할 때는 단순히 그 일만 해달라는 것이 아니다. 사랑을 구하는 것이다. 제이크가 아빠 윌에게 요구했던 것도 바로 그것이었다.

우리 부모들이 이런 요구를 잘 알아차려 사랑을 담아 적극적으로 들어주면 제이크의 경우처럼 그들의 사랑의 탱크는 가득 찰 것이다. 하지만 부모들이 그런 요구를 거절하거나, 아주 심한 말이나 잔소리를 하면서 고쳐주면 아이는 부모가 고쳐준 자전거를 타면서도 몹시 상심할 것이다.

자녀의 사랑의 언어가 봉사라고 반드시 모든 요구를 들어주라는 말은 아니다. 요구 사항을 잘 살펴보아야 한다. 왜냐하면 요구를 들어줌으로써 사랑의 탱크를 채워줄 수 있지만 오히려 탱크에 구멍을 낼 수도 있기 때문이다. 즉 모든 요구 사항에는 아주 사려 깊은 사랑의 화답이 있어야 한다.

자녀들의 말

제1의 사랑의 언어가 봉사인 자녀들의 경우를 살펴보자.

크리스탈은 일곱 살인데 지난 3년간 병치레를 많이 했다. "엄마는 날 사랑하세요. 내가 숙제할 때 도와주시거든요. 병원에 갈 때도 일하시다 말고 와서 데려다 주셨어요. 몹시 아플 때는 내가 제일 좋아하는 수프를 만들어 주세요."

브래들리는 열두 살인데 어머니와 남동생 이렇게 셋이 산다. 아빠는 브래들리가 여섯 살 때 그들을 버리고 나갔다. "엄마는 절 많이 사랑하세요. 옷에 단추도 달아주고 매일 숙제도 도와주셔요. 간호사로 열심히 일하셔서 우리가 살 수 있죠. 아빠도 저를 사랑하는 것 같지만 도와주시진 않아요."

열네 살 조디는 어머니와 살며, 정신 장애가 있어서 공립학교 특수 교육반에 다닌다. "엄마는 날 사랑하세요. 잠자리도 돌봐주고 옷도 빨아줘요. 밤

엔 숙제를 도와주는데, 특히 미술 숙제는 꼭 도와줘요."

멜라니 역시 열네 살이다. "부모님은 저를 사랑하세요. 저를 위해 많은 일을 해주시거든요. 엄마가 학교 연극 발표회 때 입을 옷을 만들어주셨어요. 다른 애들 것도요. 얼마나 자랑스러웠는지 몰라요. 아빠는 늘 제 숙제를 도와주셔요. 올해는 시간을 내서 수학을 가르쳐주셨어요. 아빠가 그런 것을 아직도 기억하고 있다는 것이 믿기지 않았어요."

이런 자녀들은 부모의 봉사가 사랑의 탱크로 직접 들어온다. 이런 사랑의 언어를 가진 자녀를 둔 부모들은 봉사가 바로 사랑임을 잊지 말아야 한다. 자녀들에게 봉사하라. 아니 다른 사람들에게도 봉사하라. 이것이 곧 사랑하는 것이다.

THE FIVE LOVE
LANGUAGES OF CHILDREN

7
자녀의 제1의 사랑의 언어 발견하는 방법

지금까지 5가지 사랑의 언어에 대해 설명했다. 또 어떤 사랑의 언어가 자기에게 적합한지 아이들의 입을 통해 들었다. 하지만 아직도 '내 자녀의 제1의 사랑의 언어가 무엇일까? 도저히 모르겠는데.' 하며 고심하는 사람이 있을 것이다. 자녀들의 사랑의 언어를 바로 알기까지 시간은 걸리겠지만 알 수 있는 방법은 많다. 이 장은 자녀의 사랑의 언어를 발견하는 데 도움이 될 것이다.

그러나 그런 단서들을 알아보기 전에, 자녀의 사랑의 언어를 발견하는 것이 왜 중요한지 더 숙고할 필요가 있다. 자녀가 사랑받고 있다는 것을 느끼면, 즉 그의 사랑의 탱크가 충분히 차 있으면 부모의 가르침을 더 잘 따르게 된다. 화를 내지도 않고 부모 말에 귀를 기울일 것이다. 하지만 자녀의 제1의 사랑의 언어 – 다른 네 가지 사랑의 언어도 마찬가지다 – 를 배워야 할 또 하나의 중요한 이유가 있다. 우리가 자녀의 제 1의 사랑의 언어를 특별하게 표현하면서 동시에 다른 네 가지 언어도 모두 표현하면 다른 사람을 어떻게 사랑하는지 보여줄 수 있고 또한 다른 사람의 사랑의 언어도 배워야 한다는 것을 자녀에게 일깨워줄 수 있기 때문이다.

가장 아름다운 사랑 만들기

5가지 사랑의 언어를 모두 표현할 때 무슨 일이 일어나는가? 우리는 자녀들에게 다섯 가지 방법으로 다른 사람을 사랑하라고 가르친다. 이는 바로 우리 자녀가 다른 사람의 필요를 잘 아는 사람으로 자라게 하기 위한 것이다. 당신처럼 자녀들도 모든 사랑의 언어로 사랑을 줄 수 있어야 한다. 이런 능력은 자녀를 사회에 잘 적응하는 훌륭한 사람으로 만들 것이다. 이렇게 되면 그들은 자신의 욕구를 충족하면서 동시에 다른 사람에게 도움을 주는 사랑의 언어를 표현할 수 있다.

아이들은 모두 이기적이다. 때문에 자기에게 익숙하지 않거나 불편한 방법이 의사 소통에 매우 중요하다는 것을 인식하지 못할 때가 많다. 예를 들면, 어떤 아이는 자기 것을 남에게 나누어 주는 것을 잘 못한다. 또 어떤 아이는 다른 사람과 어울리는 것이 얼마나 중요한지를 이해하지 못한다. 어떤 아이는 말이 없고 행동으로 의사를 표현하기 때문에 다른 사람과 대화하는 데 어려움을 느낀다. 과묵한 아이들이 좀 더 말을 많이 하고 자기 주장을 말하고 외향적인 성격이 되려면 부모의 사랑의 표현이 매우 중요하다.

자녀들의 사랑의 언어가 부모와 다르다 해도 부모가 자녀의 사랑의 언어를 배우는 것은 다른 사람을 섬기는 이타적인 사랑법을 보여주는 것이다. 이는 자녀들이 다른 사람을 잘 보살피는 어른이 되도록 지도하는 것이다. 예를 들어, 자녀들이 사랑의 언어인 '봉사'를 귀중히 여기는 것을 배운다고 상상해보자. 그러면 도시 청소 캠페인에 많은 자원 봉사자들이 몰려 단 하루만에 도로를 깨끗이 치울 수 있을 것이다. 그리고 '좋은 이웃되기' 프로그램에 필요한 많은 자원 봉사자도 얻게 될 것이다. 교회들은 봉사할 순서를 기다리는 대기자들과 숨어서 봉사하는 사람들로 넘칠 것이다.

시간이 걸린다

이런 사실을 안다면 자녀에게 5가지 사랑의 언어를 표현하는 것이 중요하며, 자녀의 제1의 사랑의 언어를 배우는 것 또한 매우 중요하다는 사실에 공감할 것이다. 그러면 어떻게 그들의 언어를 배울 것인가?

그들의 사랑의 언어를 배우려면 시간이 필요하다. 유아기 때는 모든 사랑의 언어로 사랑을 표현해야만 정서적으로 잘 발달한다. 그러나 그때도, 모든 사랑의 언어를 자유롭게 사용하다보면 자녀가 좋아하는 사랑의 언어가 무엇인지 단서를 찾을 수 있다. 예를 들면, 어떤 아이는 목소리에 별 반응을 보이지 않지만, 어떤 아이는 엄마의 목소리에 안정감을 얻는다. 어떤 아이는 다른 사람이 옆에 있으면 아주 조용하지만, 어떤 아이는 별로 주위를 의식하지 않는다.

당신은 자녀가 성장함에 따라 5가지 사랑의 언어 중 특히 자기에게 맞는 한 가지 사랑의 언어를 표현해줄 때 가장 좋아하며, 그 사랑의 언어가 부정적으로 표현될 때 마음의 상처를 많이 받는다는 사실을 알게 될 것이다. 사랑의 언어에 대한 이 두 가지 사실을 명심하기 바란다. 그러면 당신의 사랑을 좀 더 효과적으로 표현할 수 있으며 자녀 때문에 화가 나고 실망스러울 때도 덜 상심하게 될 것이다.

자녀의 사랑의 언어를 발견하는 것은 하나의 과정이며 시간이 걸린다. 자녀가 어리다면 더욱 그렇다. 어린 자녀들은 여러 가지 언어로 어떻게 사랑을 받고 표현하는지를 배우기 시작했다. 이는 자기에게 만족을 주는 행동이나 반응을 실험한다는 말이다. 일정한 시간에 한 가지 사랑의 언어에 대해 특별하게 반응한다고 해서 그것이 그들의 사랑의 언어라는 뜻은 아니다. 또 다른 사랑의 언어에도 그러한 관심을 나타낼 수 있다.

캐미의 성장 지켜보기

우리는 캠벨 씨 손녀가 증조 할머니가 사는 집 근처에 있는 양로원 노인들에게 하는 행동을 보고 어리둥절했다. 캐미는 두세 살밖에 되지 않는데 양로원 노인들의 모습을 그려서 나누어주었다. 그리고 증조 할머니가 알츠하이머병을 앓고 있어 자기를 몰라보는데도 생일이나 크리스마스 때 카드와 선물을 꼭 챙겨주었다. 우리는 캐미의 사랑의 언어는 봉사라고 쉽게 단정할 뻔했다. 캐미는 아직 어리기 때문에 그의 사랑의 언어를 정확하게 알 수 없었기 때문이다. 또한 우리는 그 아이가 부모의 관심을 끌려는 욕구를 나타내는 것을 보게 되었다. 특히 그 아이는 스킨십, 눈맞춤, 사랑의 말, 그리고 함께하는 시간을 좋아했다.

변화하는 시기

캐미가 자라면서 사랑을 주고받는 것을 보게 될 것이다. 하지만 사랑의 언어는 변하며 특히 사춘기 때는 더욱 그렇다. 사랑의 언어는 영원히 불변하는 것이 아님을 기억하라. 자녀의 사랑의 언어를 살펴보기 전에 자녀들이 여러 단계를 거친다는 것을 명심할 필요가 있다. 그들은 취미 생활이나 학문에 관심을 나타낼 때처럼 사랑에도 실험하려는 마음을 나타낼 것이다. 자기가 사랑받을 때 좋아하는 사랑의 언어와 남에게 자기의 사랑을 줄 때의 사랑의 언어가 다를 수 있다. 그러므로 아이에게 변화가 올 때 그 상태로 '고정시키려' 하면 안 된다.

다시 한번 강조하지만 자녀의 제1의 사랑의 언어뿐 아니라 나머지 네 가지 사랑의 언어도 소홀히 여겨서는 안 된다. 당신 자녀는 모든 사랑의 언어로 사랑을 받아야 한다. 이는 자녀가 성숙해가면서 자기와 다른 제1의 사랑의 언어를 가진 사람을 만날 수 있기 때문이다.

모든 사랑의 언어를 자유자재로 사용할 수 있는 사람이 되면 배우자나 자녀나 직장 동료나 친구들에게 사랑과 감사의 표현을 더 효과적으로 전할 수 있게 된다.

자녀의 제1의 사랑의 언어를 발견함으로써 얻는 최고의 가치는 그것이 사랑의 감정을 가장 효과적으로 전달해준다는 사실이다. 자녀가 좌절해 있거나 당신과 좀 멀어진 느낌이 들거나 그에게 당신의 따뜻한 사랑을 전하고 싶을 때 어떻게 사랑을 표현해야 할지 알게 될 것이다.

제1의 사랑의 언어 발견하기

자녀의 제1의 사랑의 언어가 무엇인지 살펴볼 때 자녀와 논의하지 않는 것이 좋다. 자녀가 청소년기에 있으면 더욱 그렇다. 아이들은 본래 이기적이다. 당신이 그들의 사랑의 언어를 중요하게 생각한다는 사실을 알면 자기의 일시적인 욕망을 충족시키기 위해 당신을 조종할 수도 있다. 그들이 원하는 것이 자신의 깊은 감정적인 욕구와 별 상관이 없는 경우도 있다.

예를 들어, 자녀가 비싼 농구화를 사달라고 조를 때 아이는 그 신발을 얻기 위해 당신을 조종하는 방법으로 사랑의 언어를 이용할 수 있다. 아이가 자기의 사랑의 언어는 선물이라고 하면서, 당신이 아이를 정말로 사랑한다면 농구화를 사줄 거라고 말할 것이다. 그리고 자녀의 사랑의 언어를 진실로 발견하고 싶은 부모라면 속고 있다는 것을 의식하기도 전에 신발을 사줄 것이다. 자녀가 원하는 것을 다 해준다고 부모 노릇을 잘하는 것은 아니라는 사실을 명심하기 바란다.

자녀의 제1의 사랑의 언어를 발견하기 위해 다음의 방법들을 활용할 수 있다.

1. 자녀가 당신에게 사랑을 어떻게 표현하는지 관찰하라

자녀를 관찰해보라. 아이들은 자신의 사랑의 언어로 사랑을 표현할 것이다. 어린 자녀라면 절대적으로 이렇게 한다. 자기가 가장 받고 싶은 언어로 당신에게 사랑을 표현할 것이다. 다섯 살에서 여덟 살까지의 자녀들은 흔히 다음과 같은 말로 감사를 표현한다. "엄마, 저녁 너무 맛있어요.", "아빠,

숙제하는 것 도와주셔서 고맙습니다.", "엄마 사랑해요.", "아빠, 오늘 즐거운 시간 보내세요." 이런 말을 자주 하는 자녀의 사랑의 언어는 인정하는 말임이 분명하다.

이런 방법은 열다섯 살 자녀에게는 어울리지 않는다. 그리고 부모를 조종해본 경험이 있는 자녀에게도 효과가 없다. 그들은 긍정적인 말을 하면 당신이 원하는 것 가운데 하나라도 들어줄 것이라고 생각하며 시행 착오를 통해 배운다. 이런 이유 때문에 첫 번째 방법은 다섯 살에서 열 살까지의 자녀들에게 적합하다.

2. 자녀가 다른 사람에게 사랑을 어떻게 표현하는지 관찰하라

1학년인 자녀가 선생님께 매번 선물을 주려고 한다면 그 아이의 사랑의 언어는 선물일 수 있다. 하지만 선생님께 선물을 주라고 암시해서는 안 된다. 그렇게 하면 당신이 시키는 대로 아이가 따르겠지만 선물은 사랑의 표현이 못 되고 아이의 제1의 사랑의 언어를 발견할 수 있는 단서도 될 수 없다. 사랑의 언어가 선물인 아이는 선물을 받을 때 무척 기뻐하며 다른 사람도 자기처럼 기뻐하기를 바란다. 자기가 선물을 받을 때 느끼는 것을 남들도 똑같이 느낄 것이라고 생각한다.

3. 자녀가 가장 자주 요구하는 것이 무엇인지 귀 기울이라

만일 자녀가 당신과 함께 놀고 싶어하고, 산보하자고 조르고, 책을 읽어주기 원한다면 그 아이의 사랑의 언어는 바로 함께하는 시간이다. 아이가 이런 식으로 당신에게 요구한다면 그 아이는 정서적으로 가장 필요한 것,

즉 당신의 집중적인 관심을 바라는 것이다. 물론 모든 자녀에게는 관심이 필요하다. 하지만 이런 방법으로 사랑을 가장 깊게 느끼는 아이에게는 시간을 함께하자고 요청하는 것이 그 어떤 것과도 비교할 수 없을 만큼 중요하다.

만일 자녀가 자기가 한 일에 대해 평가해줄 것을 계속 요구한다면 그의 사랑의 언어는 인정하는 말일 것이다. "엄마, 내가 그린 그림 어때요?", "저 숙제 잘했어요?", "내 드레스 어때요?", "제 연주 솜씨 어때요?" 등의 표현들은 모두 인정해주기 원하는 요청들이다. 다시 강조하지만 모든 자녀들은 인정하는 말을 원하고 또한 필요로 한다. 그래서 종종 그렇게 해줄 것을 요청한다. 만일 자녀가 이런 요구를 한다면 그의 사랑의 언어는 인정하는 말임이 분명하다.

4. 자녀가 자주 불평하는 것이 무엇인지 관찰해보라

이렇게 접근하는 것은 세 번째 방법과 관계가 있지만 이번에는 자녀들이 직접 요청하는 것이 아니라 당신에게 불평하는 것을 통해서 알 수 있다. 만일 자녀가 "저에게 시간을 내주지 않는군요.", "언제나 동생에게만 관심을 갖잖아요.", "한 번도 공원에 함께 간 적이 없잖아요."라는 불평을 하면 동생이 태어날 때 맛보는 좌절감 그 이상을 표현하는 것이다. 즉 아이는 동생이 태어난 후 당신의 사랑을 덜 받고 있다는 사실을 표현하면서 당신과 함께하는 시간을 요청하고 있는 것이다.

부모에게 함께하는 시간을 요청한다고 해서 반드시 그것이 제1의 사랑의 언어인 것은 아니다. 예를 들어, "아빠는 일을 너무 많이 하셔요."라는 말을 할 때도 엄마가 하는 말을 듣고 따라서 한 것일 수 있다. 또한 "우리도 벤의 집처럼 휴가를 가면 좋겠어요."라고 할 때도 단지 벤같이 되고 싶다는 것을 표현한 것일 수 있다.

모든 아이들은 불평할 수 있다. 그리고 대부분의 불평은 그들의 사랑의 언어와 상관없이 단지 바라는 것을 말하는 것이다. 그러나 불평하는 것이 어떤 형태를 이루고 불평의 절반 이상이 한 가지 사랑의 언어에 집중된다면 주목할 필요가 있다. 그렇게 자주 불평하는 내용이 그들의 사랑의 언어를 알 수 있는 열쇠가 된다.

5. 자녀에게 둘 중 하나를 선택하게 하라

자녀가 두 가지 사랑의 언어 가운데 하나를 선택하도록 유도하라. 예를 들면, 어떤 아버지가 열 살 아들에게 다음과 같이 말할 수 있다. "에릭, 이번 목요일에 아빠가 좀 일찍 퇴근할 것 같구나. 함께 낚시하러 갈까, 아니면 새 농구화를 사줄까? 어떻게 하는 것이 더 좋겠니?" 그러면 이 아이는 함께하는 시간과 선물이라는 두 가지 사랑의 언어 가운데 하나를 선택할 수 있다.

또 엄마는 딸에게 이렇게 말할 수 있다. "오늘 저녁 시간 여유가 있는데 함께 산보할까, 아니면 새로 산 치마에 단을 만들어줄까? 둘 중 어떤 게 더 좋으니?" 이는 바로 함께하는 시간과 봉사라는 두 가지 사랑의 언어 가운데 하나를 선택하는 것이다.

몇 주일간 자녀들에게 이런 기회를 주고 그들의 선택을 기록해보라. 그 결과 다섯 가지 가운데 한 가지 사랑의 언어에 집중했다면 자녀가 가장 사랑받는다고 느끼는 사랑의 언어를 발견할 것이다. 때때로 아이는 둘 중 하나를 선택하는 것이 싫다고 하면서 다른 것을 원할 수도 있다. 그럴 땐 다른 것이 사랑의 언어를 알아내는 힌트가 될 수 있으니 그것도 잘 기록해두어라.

당신 자녀가 왜 매번 선택하게 하느냐고 물어보면 다음과 같이 대답하면 된다. "나는 어떻게 하면 가족과 함께 유익하게 시간을 보낼까 생각하고 있어. 우리가 함께하는 시간에 뭘 하는 게 좋을지 네 생각과 느낌을 알고 싶어서 그래. 그게 도움이 되거든. 너는 어떻게 생각하니?" 논리적으로 설명을 하든, 아니면 아주 단순하게 답변하든 당신이 하고 싶은 대로 하라.

하지만 당신이 말하는 것은 모두 진실이어야 한다. 당신이 자녀의 사랑의 언어를 알아내려고 노력하는 동시에 당신은 그들에게 선택하는 훈련을 시키는 것이다.

자녀의 선택으로 사랑의 언어 발견하기

다섯 살 자녀가 할 수 있는 선택 사항

자녀들의 선택 사항은 나이와 관심거리에 따라 달라진다. 다음은 당신이 선택 사항을 고르는 데 도움을 줄 것이다. 1학년 아이에게는 다음과 같이 물어볼 수 있다.

"과자 만들어 줄까(봉사), 아니면 함께 산보할까?(함께하는 시간)"

"우리 레슬링 한판 할까(스킨십), 아니면 책 읽어줄까?(함께하는 시간)"

"2주일간 출장을 다녀와야 하는데 선물을 사다줄까(선물), 아니면 너에 대한 멋진 시를 한 편 써줄까?(인정하는 말)"

"우리 '……때문에 네가 좋아' 게임 할까(인정하는 말), 아니면 망가진 장난감을 고쳐 줄까?(봉사)"

'……때문에 네가 좋아.' 게임은 부모와 자녀가 순서를 정해서 할 수 있다. 예를 들어, 부모가 "너의 웃는 모습이 예뻐서 난 널 좋아해."라고 말한다. 그러면 자녀는 "나에게 책을 읽어주셔서 아빠가 좋아요."라고 말한다. 부모가 또 "네 동생과 사이좋게 지내니까 네가 좋아."라고 말할 수 있다. 이는 자녀를 인정하고 부모에게 감사하는 아주 기분 좋은 표현들이다.

열 살 자녀가 할 수 있는 선택 사항

자녀가 열 살 정도라면 다음과 같은 질문을 할 수 있다.

"이번 생일에 새 자전거를 사줄까(선물), 아니면 가족 모두 여행을 갈까?(함께하는 시간)"

"오늘 저녁에 컴퓨터를 고쳐줄까(봉사), 아니면 함께 농구 경기를 할까?(함께하는 시간과 스킨십)"

"이번 주말에 할머니를 보러 가는데 지난 학기에 네가 아주 공부를 잘했다는 걸 알릴까(인정하는 말), 아니면 그냥 네게 선물을 하나 사줄까?(선물)"

"네가 하는 체조를 볼까(함께하는 시간), 아니면 새 타이즈를 사줄까? (선물)"

열다섯 살 자녀가 할 수 있는 선택 사항

열다섯 살 자녀에게는 다음과 같은 선택 사항이 적합할 것이다.

"이번 토요일에 함께 자전거를 고칠래(함께하는 시간), 아니면 내가 자전거를 수리하는 동안 너는 친구들과 놀래?(봉사)"

"토요일 오후에 네 외투를 사러 갈까(선물), 아니면 아빠도 집에 안 계시니 우리 둘이 게임하며 재미있게 지낼까?(함께하는 시간)"

"오늘 밤 우리 둘만 집에 있게 되었구나. 우리 외식할까(함께하는 시간), 아니면 네가 좋아하는 피자 만들어줄까?(봉사)"

"네가 낙심할 때 너를 돕고 싶은데 어떻게 해주면 좋겠니? 옆에 앉아 너를 무척 사랑하고 고맙다고 하며 너의 좋은 점을 이야기하는 것이 좋겠니(인정하는 말), 아니면 그냥 꼭 안아주면서 '아빠가 늘 네 곁에 있다, 아들아!' 라고 말하는 것이 좋겠니?(스킨십)"

선택할 기회를 충분히 주면 자녀가 어떤 사랑의 언어를 좋아하는지 분명히 알게 될 것이다. 하지만 자녀의 사랑의 언어를 명백히 파악하기까지는 아마도 20-30가지의 선택 사항을 제시해야 할 것이다. 연결성이 없는 엉뚱한 답들은 그 순간에 좋아하는 것을 지적해 주기도 한다.

이런 선택 사항을 창의적으로 만들고 싶다면 30가지의 양자 선택을 할 때 각각의 사랑의 언어를 같은 수로 해야 한다. 그러고 나서 자녀들에게 이것을 선택을 위한 일종의 연구 과제로 제시하라. 대부분의 십대들은 잘 협력할 것이다. 그리고 당신은 자녀의 사랑의 언어를 명백히 알게 될 것이다.

15주에 걸친 실험

앞에서 제시한 방법들이 자녀의 사랑의 언어를 발견하는 데 별 도움이 되지 못했다면 다음 방법도 있다. 그러나 이 방법을 적용하기 위해서는 15주라는 긴 시간이 필요하다.

첫째, 자녀에게 한 가지 사랑의 언어를 2주간 계속 표현하라. 예를 들어, 자녀에게 함께하는 시간으로 사랑을 전달하려면 적어도 매일 30분간은 집중적인 관심을 쏟아야 한다. 어느 날 아침에는 외식을 하고 다른 날은 앉아서 함께 게임을 하고 책을 읽어 주라. 이러한 관심에 자녀가 어떻게 반응하는지 잘 주시해보라. 2주가 지나면서 자녀가 제발 자기 혼자 있게 해달라고 애걸한다면 다른 방법을 사용해야 한다. 하지만 아이가 아주 재미있어 하고 함께하는 시간을 무척 즐긴다면 당신은 바로 해답을 얻은 것이나 다름없다.

2주일 후에는 7일 동안 지금까지 함께했던 시간의 1/3만 함께하라. 이렇게 하면 그 관계가 이전보다 더 친밀하게 될 것이다. 이제 또 다른 사랑의 언어를 택해 2주간 표현해보라. 예를 들어, 스킨십이라는 사랑의 언어를 택한다면 적어도 하루에 네 번은 아이와 접촉하라. 아이가 학교에 갈 때 안아주면서 키스를 해주고 학교에서 오면 또다시 안아주라. 저녁을 먹기 위해 식탁에 앉으면 의자 뒤에 서서 잠시 등을 토닥거려라. TV를 보고 있으면 등을 쓸어주라. 이런 일을 매일 계속하되 조금씩 변화를 주라. 하지만 의미 있는 접촉을 적어도 하루에 네 번은 해야 한다.

그렇게 하면서 아이가 어떤 반응을 보이는지 주시하라. 2주가 지나면서 아이가 "날 그만 만지세요." 하면, 이것은 그의 제1의 사랑의 언어가 아니다. 하지만 아이가 사랑을 느낀다면 당신은 바로 답을 얻은 것이다.

　다음주에는 당신의 태도를 조금 바꾸고 아이들의 반응이 어떤지 관찰하라. 그 후 다시 앞에서 한 것을 반복해보라. 몇 주간 이런 일을 할 때 아이들이 어떻게 반응하는지 잘 살펴라. 전에 당신이 표현한 사랑의 언어를 요구하는 아이들도 있을 것이다. 그런 아이가 있다면 이는 바로 당신에게 힌트를 주는 것이다. 반면 전에 해주던 사랑의 행위를 하지 않는 것에 대해 불평하는 아이들도 있을 것이다. 이 또한 당신에게 힌트를 주는 것이다.

　만일 아이가 당신의 행동을 의아해하면 이렇게 말해줄 수 있다. "나는 할 수 있는 한 너에게 모든 것을 해주고 싶어. 내가 너를 얼마나 사랑하는지 알겠지?" 제1의 사랑의 언어를 찾기 위해서라는 말은 절대 하면 안 된다. 또한 이런 실험을 하면서도 당신의 자녀는 격려하는 말, 집중적인 관심, 적절한 선물, 사랑스러운 눈길이 담긴 스킨십 등 모든 사랑의 언어를 필요로 한다는 것을 명심해야 한다.

십대 청소년 자녀를 두었다면……

　당신이 십대 자녀를 양육하고 있다면 세상에서 그보다 힘든 일은 없을 것이다. 그들이 경험하는 다양한 변화 때문에 주고받는 사랑도 변화무쌍하다. 대부분의 십대 아이들은 '불평하는 단계'로 묘사되는 시기를 거친다. 잘 들리지 않는 투덜대는 듯한 소리만 내기 때문이다.

　　엄마 : "오늘 기분 어떠니?"
　　팀 : (거의 들리지 않게) "그냥 그래요."

엄마 : "오전 내내 뭘 했니?"

팀 : (거의 들리지 않게) "아무것도 안 했어요."

이런 힘든 단계를 보내는 십대 자녀들에게는 스킨십을 제외한 그 어떤 사랑의 언어도 효과가 없다. 스킨십도 재빨리 해야 효력을 발한다. 물론 십대들은 감정이 격해지는 아주 예민한 시기기 때문에 특별히 그들의 제1의 사랑의 언어를 표현하여 당신의 모든 사랑을 보여주어야 한다.

십대 자녀들의 사랑의 탱크를 채워주기가 힘들 때도 있을 것이다. 어떤 때는 자기를 사랑하는지 당신을 시험하기도 한다. 아무런 이유 없이 시무룩하게 행동하면서 오히려 적극적인 공격을 할 때보다 당신을 훨씬 힘들게 할 수도 있다. 이런 행동은 무의식적으로 "엄마 아빠, 정말 절 사랑해요?"라고 질문하는 것이다.

이런 행동들은 언제나 부모들에게 하나의 시험거리가 된다. 당신이 침착하고 차분하고 상냥하게(상냥하지만 단호하게) 그들을 대하면 이런 시험을 통과하여 당신의 십대 자녀들은 어려운 시기를 잘 견디면서 점점 성숙할 것이다.

댄은 열세 살 때 부모를 시험하기 시작했다. 아버지 짐은 처음에 좀 실망했지만 곧 댄의 사랑의 탱크가 고갈되었다는 사실을 알았다. 짐은 댄의 제1의 사랑의 언어가 함께하는 시간임을 알고 주말을 온전히 아들과 보내기로 했다. 십대 자녀의 커다란 사랑의 탱크를 채우는 것은 힘든 일이지만 그렇게 하기로 했다. 계획대로 주말을 함께 보낸 후 짐은 다시는 댄의 사랑의 탱크가 바닥나게 하지 않겠다고 결심했다.

함께 시간을 보내고 온 바로 그날 밤, 짐에게는 아주 중요한 약속이 있었다. 물론 댄도 그 사실을 알고 있었다. 짐이 집에서 막 나가려 할 때 댄이 불렀다. "아빠, 시간 좀 있으세요?" 이것이 바로 시험이었다. 댄은 실제로 "아빠, 절 사랑하세요?"라고 물었던 것이다. 대부분의 부모들은 이런 시험의 올무에 걸리면 화를 낸다.

다행히 짐은 상황을 파악하고 댄과 잠깐 이야기를 했다. 그는 "지금 당장 회의에 참석하기 위해 나가야 한단다. 되도록 빨리 올게. 그때 더 이야기하자. 아마 9시 30분까지 올 수 있을 거야."라고 대답했다.

만일 짐이 댄에게 인내심을 잃고 "너를 위해 주말을 완전히 허비했는데 뭘 더 원하니?"라고 했다면 지난 48시간 동안 채운 사랑의 탱크에 구멍을 냈을 것이다.

여러 가지 사랑의 언어를 표현하는 사람이 되자

자녀의 제1의 사랑의 언어가 무엇이든 5가지 사랑의 언어를 모두 표현해야 한다는 것을 기억하기 바란다. 다른 사랑의 언어를 도외시하고 한 가지 사랑의 언어만 표현하는 실수를 범하기 쉽다. 자녀의 사랑의 언어가 선물인 경우에 특히 그렇다. 선물을 주는 데는 시간이나 에너지가 비교적 덜 들기 때문이다. 그러나 자녀들에게 너무 많이 선물하는 올무에 빠지면 그들의 사랑의 탱크를 건전하게 채우지 못한다. 그렇게 되면 그들은 세상을 물질적인 시각으로 볼 것이다.

게다가 모든 사랑의 언어를 배우게 되면 우리의 삶으로 사람을 가르칠 수 있다. 비단 우리 자녀들뿐 아니라 배우자와 친구들과 친지들까지 말이다. 지금 당장은 우리 자녀들을 가르치는 데 중점을 두지만 자녀들도 머지않아 그들과는 너무 다른 온갖 부류의 사람을 만날 것이다.

부모로서 우리는 사랑의 언어를 배우는 것이 하나의 성장을 위한 과정이며, 성장은 오래 걸리고 고통이 따르며 때로는 아주 힘든 여행과도 같다는 것을 기억해야 한다. 우리가 여러 가지 사랑의 언어를 표현하는 사람이 되면 우리 자녀들이 모든 사랑의 언어로 사랑을 주고받는 방법을 익히는 데 도움을 줄 수 있다. 우리가 다른 사람에게 사랑을 주는 모범을 보이면 우리 자녀들도 어른이 되어 다른 사람에게 여러 가지 방법으로 사랑을 줄 수 있을 것이다. 그렇게 되면 그들은 정말 훌륭한 어른이 되지 않겠는가!

THE FIVE LOVE
LANGUAGES OF CHILDREN

8
훈계와 사랑의 언어

　다음 중 부정적인 의미를 가진 말은 무엇일까? 사랑, 따뜻함, 웃음, 훈계. 정답은 어느 것도 아니다. 많은 사람이 생각하는 것처럼 훈계는 부정적인 의미의 단어가 아니다. 훈계는 그리스어의 '길들이다.'라는 말에서 유래했다. 훈계는 자녀들을 유아기로부터 어른이 되기까지 장기적이면서도 주의 깊게 인도하는 일이다. 훈계의 목표는 자녀들이 사회에서 책임 있는 어른으로 활동할 수 있도록 성장시키는 것이다. 이 얼마나 긍정적인 목표인가!

　자녀가 가정이나 사회에서 스스로 통제할 수 있는 건설적인 일원이 되도록 마음과 성격을 훈련시키려면 자녀와 여러 형태로 의사소통을 해야 한다. 예를 들면, 모범 보이기, 말로 훈계하기, 그릇된 행동 바로잡아 주기, 배울 기회 제공하기 등과 같은 방법이다. 벌을 주는 것도 이런 방법 가운데 하나로 간주되지만 대부분의 가정에서 몹시 지나치게 사용되고 있다. 사실 대부분의 부모에게는 훈계와 벌이 유사하고, 실제로 훈계를 벌로 간주한다. 물론 다소 부정적이기는 하지만 벌은 훈계의 한 형태다.

어린 시절 사랑을 많이 받지 못한 부모들은 자녀 양육의 중요성을 잘 인식하지 못하는 경향이 있다. 그들은 부모의 중대한 임무가 좀 더 긍정적인 훈계를 하는 것보다는 벌을 주는 것이라고 생각한다. 훈계를 효율적으로 하기 위해서는 자녀들의 사랑의 탱크를 사랑으로 먼저 가득 채워주어야 한다. 사랑 없는 훈계는 윤활유 없이 돌아가는 기계와 같다. 잠시 돌아가지만 곧 절망감으로 끝날 것이다.

훈계에 대한 혼동 때문에 이 장에서는 이 단어의 올바른 사용법을 다룰 것이다. 그리고 다음 장에서는 훈계의 교수법과 학습에 대해 살필 것이다. 각 경우에 자녀의 사랑의 언어가 자녀를 훈계하는 데 어떻게 도움이 되는지 살필 것이다.

성숙한 행동 지도하기

훈계는 부모의 권위를 세우고 행동 지침에 따라 자녀들이 살게 하는 것이라고 정의할 수 있다. 역사적으로 볼 때 모든 문화는 성숙한 행동을 기대하고 이를 성취할 수 있는 방안을 모색해 놓았다. 금세기, 그것도 일시적으로 몇몇 사람들만 자녀들에게 훈계가 필요없다고 생각했다. 이런 '간섭하지 않는' 부모 역할은 자녀들로 하여금 자신이 원하는 것은 무엇이든 하게 해서 결국 행복하지 않고 책임감도 없는 사람이 되게 한다.

역사적으로 인간은 모든 사회에서 도덕적인 피조물로 간주된다. 공동체가 커지면 어떤 것은 옳고 어떤 것은 틀리고, 어떤 것은 수용할 수 있고 어떤 것은 수용할 수 없다는 식으로 분류한다. 기준은 곳에 따라 달라지지만 도덕이 전혀 없는 사회는 아무 데도 없다. 모든 사회에는 법규, 법칙, 법률, 윤리적인 이해가 있다. 개인이 부도덕한 삶을 살 때 이는 자기 개인에 대한 훼손일 뿐 아니라 자기가 속한 사회에도 해를 주는 것이다.

부모들은 자녀들을 훈계하는 가장 큰 역할을 담당한다. 왜냐하면 부모는 자손들에게 보편적으로 받아들여지는 표준들을 설명해주는 당사자이기 때문이다. 아이들은 자기가 살아가는 방법을 결정할 수 없다. 즉 어른들이 지도해주지 않으면 어른이 될 수 없다. 자녀들이 유아기를 거칠 때 부모들은 법칙을 강화해 그들의 행동을 조절해야 한다. 부모는 자녀가 타오르는 불빛에 매혹되어 불 가까이 가는 것을 허용해서는 안 된다. 아이가 아장아장 걷기 시작하면 지나가는 자동차에 치일 염려가 있기 때문에 도로로 나가지 않게 해야 한다. 약품이나 독성 물질은 아이들의 손이 닿지 않는 곳에 두어야 한다.

이렇게 어린아이 단계에는 전반적인 통제가 요구되기 때문에 부모는 아이들이 스스로 통제할 수 있는 단계에 이르기까지 10년 이상 이런 일을 해주어야 한다. 모든 아이는 성숙해지기 위해 이 과정을 거쳐야 하고, 모든 부모는 그것에 책임을 진다. 이것은 지혜와 상상력과 인내와 많은 사랑을 필요로 하는 굉장히 중요한 과업이다.

원시적 문화권에서는 훈계의 기준과 방법에 거의 차이가 없었지만 지금은 각 가정마다 매우 다르다. 더욱이 다양한 서구 문화권에서는 그 변화가 매우 크다. 1차 세계 대전 이후 미국에서의 이런 사고의 차이가 모든 서구 문화권까지 확산되었다. 과학적인 접근 방식은 아동 발달에 대한 연구에도 발전을 가져왔다. 과학적인 접근 방식 때문에 많은 부모가 통상적인 자녀 양육 방식에 대한 신뢰를 저버리게 되었다. 그들은 전문가의 가장 최근의 이론을 받아들인다. 그러나 전문가로 간주되는 사람들은 지금까지 존립하는 이론을 무너뜨리거나 정반대의 충고도 서슴지 않는다. 이는 미국 가정에서 표준으로 간주되던 훈계 방법에 대해 많은 이견을 가져오게 되었다. 그러므로 미국에서의 훈계 양식은 매우 다양하다. 훈계에 관한 모든 사항을 다루는 데 있어서 이 책만으론 역부족이다. 그러므로 이 부분을 더 알고 싶다면 부록에 제시된 책들을 참고하기 바란다.

사랑과 훈계

사랑은 타인이 느끼는 흥미에 관심을 갖는다. 훈계도 그렇다. 그러므로 훈계는 엄밀한 의미에서 사랑의 행위라고 말할 수 있다. 자녀들이 사랑받는다고 느낄수록 그들을 훈계하기가 쉽다. 그 이유는 자녀들이 분노, 적대감, 거부(수동적인 공격 행동) 없이 부모의 지도를 받아들이려면 부모와 일체감을 가져야 하기 때문이다. 그러므로 부모는 자녀들을 훈계하기 전에 그들의 사랑의 탱크를 가득 채워주어야 한다.

자녀들이 부모와 생각이 같지 않으면 부모의 요구나 명령을 강요라 생각하고 화를 낼 것이다. 부모가 요구할 때 화를 내면서 점점 권위에 도전하고 부모가 기대하는 것과 정반대로 행동하는 경우도 있다.

제이슨은 열 살이다. 그의 아버지는 일주일에 보통 3, 4일 출장을 가는 세일즈맨이다. 주말이면 아버지는 잔디를 깎고 집안일을 한다. 토요일에는 미식 축구 경기를 관람하러 갈 때도 있다. 제이슨은 아버지를 자주 볼 수 없다. 제이슨의 제1의 사랑의 언어가 함께하는 시간이기에 아버지로부터 사랑받고 있다는 것을 전혀 느낄 수 없다. 아버지는 겨우 주말에 집에 있는데 그때는 신체적으로, 정서적으로 지쳐 있기 때문에 자녀들과 어울리지 않는다. 그의 훈계 방법은 늘 거친 말로 화를 내는 것이다. 이렇게 화를 내면서 훈계하는 것이 제이슨을 훌륭한 어른으로 만들기 위한 것이라고 생각한다. 그러나 제이슨은 이런 훈계에 분개하면서 아버지를 두려워하기까지 한다. 제이슨은 아버지가 원하는 것을 거의 하지 않고 주말이면 되도록 아버지와 마주치는 것을 피한다.

아버지는 아들에 대한 사랑이 없고 아들은 아버지에 대한 존경심이 없다는 것을 누구나 금세 알아차렸을 것이다. 아버지의 거친 말과 성난 목소리는 아버지의 사랑에 안정감을 느끼는 보통 아이에게도 견딜 수 없는 것이다. 더욱이 제이슨의 경우처럼 사랑의 탱크가 텅 비어 있는데 이런 훈계를 하는 것은 책임감을 갖게 하기보다는 분노와 반감만 사게 만든다.

제이슨이 아버지의 사랑에 안정감을 느낀다면 그가 받는 훈계를 통해 아버지가 속으로는 자기가 잘되기 바란다고 생각했을 것이다. 하지만 그는 사랑받는다고 느끼지 못했기 때문에 아버지의 훈계를 이기적인 행위로 생각했다. 나아가 제이슨은 자신이 아버지에게 거침돌에 불과하다 생각했고, 이것이 제이슨의 자존감에 상당한 영향을 미쳤다.

자녀를 무조건적으로 사랑하는 것은 매우 중요하다. 이 사실을 알고 5가지 사랑의 언어를 모두 표현하면 더욱 효과적으로 그렇게 할 수 있다. 모든 자녀는 이 무조건적인 사랑을 받아 자기의 사랑의 탱크를 충분히 채워야 한다. 자녀들의 사랑의 탱크가 충분히 차게 되면 가장 좋은 결과를 기대하면서 그들을 훈계할 수 있을 것이다. 그러므로 중요한 일을 먼저 하라. 무조건적인 사랑을 계속하라. 그런 다음에 훈계하라.

아이들은 어떻게 사랑하는가

자녀를 사랑으로 효과적으로 훈계하려면 먼저 다음의 두 가지 질문을 해야 한다.

1. 아이들은 어떻게 사랑하는가?
2. 자녀가 잘못된 행동을 했을 때 무엇이 필요한가?

아이들은 어떻게 사랑하는가? 아이들은 미숙한 방법으로 사랑한다. 그와 달리 어른들은 무조건적인 방식으로 사랑을 추구한다. 종종 우리는 무조건적인 사랑을 베풀지 못하고 소위 보답을 바라는 사랑을 하는 경우가 있다. 예를 들면, 존은 마르시아에게 깊은 애정을 느끼기 때문에 그녀와 사랑에 빠지기 원한다. 이를 위해 그는 그녀를 기쁘게 하고, 침착하게 대하고, 도와주고, 친절을 베풀고, 존경하고, 이해심을 갖고 대한다. 그는 마르시아가 자기를 사랑한다는 확신이 없기 때문에 무분별한 행동을 삼가면서 그녀의 사랑을 얻기 위해 노력한다. 이처럼 존이 마르시아의 사랑을 얻기 위해 최선을 다하는 것과 같이, 사랑을 위해 의식적으로 접근하는 것을 보답을 바라는 사랑이라 부른다.

그러나 아이들은 보답을 바라는 사랑도, 무조건적인 사랑도 할 수 없다. 또한 아직 성숙한 단계에 이르지 못했기 때문에 자기 중심적이다. 아이는 사랑의 탱크를 채우기 위해 본능적으로 자기 욕구만 생각한다. 부모의 사랑의 탱크도 채워져야 된다는 사실을 전혀 모른다. 아이의 유일한 관심은 자신의 사랑의 탱크다. 사랑의 탱크의 수위가 낮아졌거나 비었을 때는 집요하게 보채면서 "엄마 아빠, 날 사랑해요?"라고 묻는다. 그 질문에 대한 부모의 대답은 아이의 행동에 상당한 영향을 미친다. 왜냐하면 자녀들의 비행의 주된 원인은 텅 빈 사랑의 탱크이기 때문이다.

어떤 부모들은 아이들이 선행으로 사랑을 획득해야 한다고 말한다. 하지만 이는 정말 불가능한 일이다. 아이들은 끊임없이 행동으로 우리의 사랑을 시험한다. 아이들은 계속 "날 사랑해요?"라고 묻는다. 우리가 "그래. 널 사랑해."라고 대답하면 아이의 사랑의 탱크가 채워진다. 그렇게 되면 우리는 아이로부터 받는 중압감에서 해방되며, 그들도 우리를 더 이상 시험하지 않는다. 이럴 때 부모는 자녀의 행동을 통제하기가 쉽다. 하지만 자녀가 선행으로 부모의 사랑을 '획득' 해야 한다고 생각하는 올무에 빠진다면 우리는 끊임없이 좌절하고 말 것이다. 결국 실제로 자녀들이 사랑받는다는 확신이 필요할 때도 우리는 자녀를 나쁘고, 예의 없고, 사랑스럽지 않은 아이들로 보게 된다.

자녀가 우리에게 "저를 사랑하시나요?"라고 행동으로 질문할 때 우리는 그 행동을 좋아하지 않을 수 있다. 특히 자녀가 실망할 때는 행동이 굉장히 이상할 수 있다. 사랑이 없는 것보다 자녀를 더 절망하게 하는 것은 없을 것이다. 자녀가 사랑받는다는 것을 충분히 느끼게 하지 않으면서 그들에게 착한 행동을 요구하는 것은 이치에 어긋난다. 자녀들의 제1의 사랑의 언어에 중점을 두면서 모든 사랑의 언어를 표현하여 그들의 사랑의 탱크를 채워 주는 것은 우리 부모들의 책임이다.

자녀를 사랑으로 훈계하기 위한 두 번째 질문은 "내 아이가 잘못된 행동을 했을 때 무엇이 필요한가?"이다. 부모들은 대부분 "자녀의 행동을 어떻게 고쳐주지?"라고 질문한다. 그런 질문에 대한 답은 바로 '벌을 주는 것'이다. 이는 부모들이 훈계를 위해 벌을 적절하게 사용하는 것이 아니라 지나치게 사용하는 한 가지 이유다.

처음부터 벌을 사용하면 나중에 정말 필요할 때 효과적으로 사용할 수 없다. 아이들의 그릇된 행동을 그런 식으로 처리하면 자녀들은 부모로부터 사랑받고 있다는 것을 느끼지 못할 것이다.

그러나 "아이에게 필요한 것이 무엇일까?"라고 질문할 때 우리는 이성적으로 판단할 수 있다. 그릇된 행동을 하는 아이는 충족되지 못한 욕구가 있다. 행동 뒤에 있는 욕구를 간과하면 올바른 일을 할 수 없다. "우리 자녀의 그릇된 행동을 고치기 위해 내가 할 수 있는 일은 무엇일까?"라고 스스로 질문하면서도 자녀들에게 부주의하게 벌을 줄 때가 있다. "이 아이에게 필요한 것이 무엇일까?"라고 물어보면 우리는 이런 상황에서 확실하게 잘 대처할 수 있을 것이다.

그릇된 행동의 원인: 텅 빈 사랑의 탱크

자녀가 그릇된 행동을 하면 다음과 같이 질문해보라. "이 아이에게 필요한 것이 무엇일까?", "이 아이의 사랑의 탱크가 충분히 채워져 있는가?" 그들이 진정으로 사랑받는다고 느끼게 하면 그들을 훈계하기가 훨씬 수월하다. 나아가 자녀의 사랑의 탱크가 비었을 때는 반드시 자녀가 사랑받고 있음을 느끼게 한 뒤에 훈계해야 한다. 이때 마음속으로 사랑의 언어를 생각하라. 특히 스킨십, 함께하는 시간, 눈을 마주 바라보는 것 등이 중요하다.

그릇된 행동을 한 것이 명백할 때, 그 행동을 관대히 넘기지 말아야 한다. 그러나 그 문제를 잘못 다루면, 즉 너무 혹독하게 대하거나 너무 허용하는 태도를 취하면 더 큰 문제를 야기하여, 아이가 성장하면서 이런 문제들이 더 악화될 것이다. 그렇다. 자녀들이 선행을 하도록 훈련할 필요가 있다. 하지만 그 첫 번째 과정은 벌이 아니다.

어린 자녀들은 부모의 사랑을 얻으려고 잔꾀를 부리지 못한다. 그들은 시끄럽게 난리법석을 부리고 어른들의 생각과 달리 매우 엉뚱한 일도 한다. 그들은 정말로 부모가 시간을 함께 보내주기를 원하고, 일일이 잘 대해주기를 바라는, 말 그대로 어린아이들이기에 먼저 그들의 사랑의 탱크를 채워주고 나서 훈계해야 한다는 것을 기억해야 한다.

그 밖의 다른 원인들: 신체적인 것

자녀의 그릇된 행동은 모두 텅 빈 사랑의 탱크에서 비롯된다는 말은 맞다. 하지만 반드시 그런 것은 아니다. 그러면 도대체 어떻게 해야 하나? "이 아이에게 필요한 것은 무엇일까?"라고 물었을 때 아이의 사랑의 탱크가 고갈되지 않았다면 '신체적인 문제'는 아닌지 생각해보라. 그릇된 행동의 둘째 원인은 일반적으로 신체적인 면일 수 있다. 아이가 어릴수록 그릇된 행동은 신체적 욕구에 많은 영향을 받는다. "아이가 아픈가? 배가 고픈가? 목이 마른가? 피곤한가? 병에 걸렸나?" 그릇된 행동이 신체적인 문제에 의해 야기되었다 해도 눈감아주어서는 안 된다. 하지만 그 원인이 신체적인 것이라면 그 문제가 빠르게 해결될 수 있다.

자녀의 뉘우침과 부모의 용서

그릇된 행동의 원인이 신체적인 것이 아니라면 다음 질문을 던져보아야 한다. "자기가 저지른 행동에 대해 아이가 미안하게 생각하는가?" 자기가 한 일에 대해 미안해하면 더 이상 할 말이 없다. 아이는 잘못을 깨달았고 뉘우쳤다. 따라서 그런 아이에게 벌을 주는 것은 몹시 해롭다. 자녀가 진실로 미안하게 생각하면서 양심의 가책을 느낀다면 기뻐해야 한다. 이는 바로 아이의 양심이 살아 있고 바르다는 증거다.

아이나 어른이 적절한 행동을 하지 못할 때 무엇이 그의 행동을 통제하겠는가? 정답은 건강한 양심이다. 정상적인 양심은 어디서 시작될까? 죄책감이다. 건강한 양심을 발달시키기 위해서는 적절한 죄책감이 필요하다. 어떻게 하면 죄책감을 지워버릴 수 있을까? 추측했겠지만 이는 신체적인 벌이다. 그러나 아이가 행동에 이미 죄책감을 갖고 있는데 벌을 주면 선한 양심을 발달시킬 수 있는 아이의 능력을 막아버리게 된다. 이런 상황에서 주는 벌은 오히려 분노와 원망만 산다.

그러므로 자녀가 정말 뉘우친다면 벌을 주지 말고 용서해야 한다. 이때의 용서는 자녀가 어른이 되어서 남을 용서하는 삶을 살라는 아주 훌륭한 교훈인 셈이다. 자기 행동을 정말 뉘우치는 자녀를 용서하는 부모를 본 적이 있는가? 이런 일은 평생 잊을 수 없다. 그 순간 자녀의 마음에 흘러넘치는 사랑은 압도적일 것이다.

또한 자녀에게 용서를 가르칠 수 있는 유일한 방법은 당신이 잘못했을 때 아이들에게 용서를 비는 것이다. 때로 잘못했을 땐 용서를 구해야 하지만 용서를 빌 일이 잦으면 안 된다. 당신이 용서를 비는 일이 너무 잦으면 당신은 자녀를 몹시 화나게 만들고 또한 그들은 당신의 잘못으로부터 아무것도 배우지 못할 것이다.

자녀의 행동에 대한 효율적인 통제

부모는 자녀들에게 일어나는 일에 많은 책임이 있다. 어떤 때는 우리가 인정하는 것 이상으로 책임이 있을 때도 있다. 우리는 자녀들이 나쁜 행동을 해서 벌을 받지 않도록 방지하는 방법을 배워야 한다. 여기에 자녀들을 효율적으로 통제할 수 있는 다섯 가지 방법을 싣는다. 이 중 둘은 긍정적인 것이고, 둘은 부정적이며, 나머지 하나는 중립적이다. 이 부분을 읽을 때 이미 당신 자녀에게 적용하고 있는 통제 방법이 있으면 그것을 변경하거나 참고해도 될 것이다.

1. 요청하기

'요청'은 행동을 긍정적으로 규제하는 수단으로서 매우 중요하다. 이것은 자녀와 부모 모두에게 유익하다. 요청은 자녀의 기분을 좋게 하며 부모의 명령으로 자녀들이 화를 내는 일도 없어진다. '상냥하면서도 엄격하게' 요청하는 형식을 취하는 것이 부모에게도 훨씬 마음이 편하다.

요청하는 형식으로 말할 때에는 중요한 세 가지 메시지를 전한다. 그 첫째는 당신이 자녀의 감정을 존중하고 있다는 것이다. 즉 "너도 감정이 있지. 특히 이 문제에 특별한 감정이 있다는 것을 잘 안다."고 말하는 것이다. 두 번째 메시지는 당신의 자녀도 지력이 있기 때문에 어떤 일에 의견을 가질 수 있다는 것을 인식하는 것이다. "나는 이 문제에 대한 너의 의견을 존중한다." 세 번째 메시지가 가장 중요하다. 자녀가 자기의 행동을 책임지게 하고 싶으면 정중하게 요청하라. 요즘 우리는 이런 책임감을 찾아보기가 무척 힘들다. 이런 기회를 주면 당신의 자녀는 책임감 있는 어른으로 성장할 수 있다. 정중하게 요청하는 것은 자녀들을 잘 지도하면서 격려하는 것이다.

이렇게 양육된 아이는 부모가 자기 인격을 형성하는 데 도움을 준다고 느낀다. 이것은 자유방임이 아니다. 부모들의 권위가 손상되거나 존경을 받지 못하는 것도 아니다. 오히려 이런 자녀들은 부모를 더 존경하게 된다. 왜냐하면 부모가 단순히 하지 말라고 명령하는 것이 아니라 자녀에게 가장 유익한 것에 관심을 가진다고 생각하기 때문이다.

또한 요청은 교훈을 주는 가장 좋은 방법이다. 요청은 명령보다 상냥하고 사려 깊고 신중한 방법이기 때문에 자녀를 교육시키는 데 얼마든지 사용할 수 있다. 어떤 통제 방법도 이보다 더 좋은 효과를 낼 수 없다.

2. 명령하기

'명령'이 적절할 때도 있다. 할 수만 있다면 요청하는 것이 훨씬 좋지만 요청이 받아들여지지 않을 때는 명령이 필요하다. 명령할 때는 좀 더 강압적으로 해야 한다. 명령은 말미가 아래로 처지는 억양이며, 요청하는 것보다 말투가 거칠기 때문에 부정적인 통제 수단이 된다. 이 방법을 자주 사용하면 우리는 자녀의 마음속에 초조함과 분노와 분개를 일으킬 수 있다. 또한 명령할 때 주는 무언의 메시지는 매우 부정적이다. 당신의 행동에 자녀들이 반응을 하거나 논의할 수 있는 기회와 선택의 여지를 주지 않고 자녀들이 해야 할 일을 직접 명령하기 때문에, 이는 당신에게 자녀의 감정과 의견이 별로 중요하지 않다는 것을 전달하고 있는 것이다. 무엇보다 당신은 스스로 모든 책임을 지면서 "이 일에 대한 너의 감정과 의견이 무엇이든 상관하지 않겠어. 너 자신의 행동을 책임지는 것도 원치 않아. 네가 내 말대로 하길 바랄 뿐이야."라고 말하는 셈이다.

당신이 명령, 비난, 잔소리, 소리지르는 것 등과 같은 좀 더 권위적인 방법을 사용하면 할수록 효과는 그만큼 감소할 것이다. 하지만 당신이 평상시에 정중한 요청을 하면서 가끔 명령한다면 매우 큰 효과를 볼 것이다.

우리는 부모라는 미명으로 너무 권위만 내세운다. 우리가 평상시에 이런 권위를 부정적으로 사용하면 아주 어렵고 위급한 상황이 왔을 때 아무런 대처를 할 수 없을 것이다. 당신의 태도가 상냥하면서 엄격하다는 것은 당신의 권위를 인정하는 동시에 이를 강화시키는 것이다. 왜냐하면 당신은 자녀들로부터 존경뿐 아니라 은혜에 보답하려는 마음도 얻기 때문이다.

자녀들의 관찰력은 대단하다. 그들은 다른 부모들이 불쾌하게 권위적으로 화를 내면서 자녀들을 대하는 것을 보기도 하고 듣기도 한다. 당신이 자녀들을 상냥하고도 엄격하게 대하면 그들은 당신이 자기 부모라는 사실에 얼마나 고마움을 느끼는지 상상할 수 없을 것이다!

3. 가벼운 체벌

'가벼운 체벌'은 부모가 원하는 방향으로 자녀들을 잘 이끌 수 있다. 이는 자녀의 행동을 조절할 수 있는 두 번째 긍정적인 방법이다. 또한 이것은 자녀들의 행동이 반드시 그릇된 것이 아니더라도 그들의 행동을 당신이 원하는 방향으로 이끌어주고 싶을 때 매우 효과적이다. 예를 들면, 두 살인 아이의 거절하는 태도는 반항심과 쉽게 혼동된다. 대니라는 아이는 "안 할 거야."라고 말해 놓고 나중에는 부모가 원하는 것을 한다. 어떤 때는 하겠다는 말을 하고 한참 있다가 실행한다. 이런 행동은 반항처럼 보이지만 사실은 그렇지 않다. 두 살인 아이가 거절하는 것은 어머니와 아버지로부터 신체적으로 독립하려는 하나의 자연스러운 발달 현상이다.

안 하겠다고 단순하게 말할 수 있는 능력은 매우 중요하다. 만일 이런 행동을 하는 어린 자녀에게 벌을 주면 그에게 상처를 입힐 뿐 아니라 정상적인 발달을 가로막는 것이 된다. 거절과 반항을 혼동하지 않기 바란다. 그것은 완전히 별개의 것이다.

세 살인 딸을 당신 곁으로 오게 하고 싶을 때 처음에는 "아가야, 이리 오지 않을래?"라고 요청한다. 아이가 "싫어."라고 대답한다. 그러면 이번에는

"이리 와!"라고 명령한다. 아이는 또 "싫어."라고 대답한다. 이때 당신은 아이를 혼내고 싶은 유혹을 받는다. 하지만 그러면 안 된다. 아이에게 상처를 주는 위험 대신, 좀 더 부드럽게 아이가 당신 곁에 오도록 말할 수 없는가? 아이가 계속 고집을 부린다면 반항하는 것일 수 있다. 그때는 조처를 취하면 된다. 하지만 대부분의 경우는 반항하는 것이 아니라 그냥 싫다고 대답하는 것이다. 그러므로 부모들은 마음 상할 필요가 없다.

아이가 두 살이 되면서 거절하는 태도가 시작된다. 하지만 이런 현상은 모든 나이에서 일어날 수 있다. 이런 상황에서 당신이 어떻게 대처해야 할지 모를 때는 가벼운 체벌을 가하라. 특히 사람이 많이 모인 공공 장소에서 아이가 이런 행동을 할 때는 체벌이 효과가 있다. 자녀들을 실망시키지 않고도 부모들은 그들이 자발적으로 말을 잘 듣게 할 수 있다.

4. 벌

'벌'로 자녀들의 행동을 통제할 수 있다. 이는 가장 부정적이고 가장 힘든 통제 방법이다. 첫째, 자녀들은 무엇이 올바른 것인지 잘 알기 때문에 무작정 벌을 주면 오히려 범죄를 유발시킬 수 있다. 그들은 벌이 너무 관대하다거나 잔인하다는 것도 안다. 그들은 가정에서 자기들에 대한 부모의 태도가 일관성이 없다는 것도 잘 감지한다. 두 번째로 벌이 매우 부적합한 경우도 있다. 예를 들면, 아이를 방에서 못 나오게 하는 벌은 어떤 아이에게는 고통스러운 것이 되겠지만 어떤 아이에게는 마음대로 놀 수 있는 시간이 되기도 한다. 세 번째로 부모들이 벌을 줄 때 주로 그 당시 자신의 감정에 의존하기 때문에 벌에 일관성이 없다. 모든 일이 순조롭게 진행되어 기분이 좋을 때 부모들은 자녀들을 관대하게 대하기 마련이다. 하지만 부모들의 기분이 몹시 나쁜 날에는 자녀들에게 돌아오는 벌이 매우 거칠어진다.

벌을 언제 어떻게 주어야 하는지를 결정하기가 어렵기 때문에 그것을 적절하게 사용할 준비를 하고 있어야만 한다. 미리 계획을 세워야만 '벌이라는 올무'에 빠지지 않는다. 이는 당신이 배우자나 친구들과 자녀들의 여러 반응에 대해 어떤 벌을 주어야 적합한지를 논의해야 한다는 뜻이다. 이렇게 계획을 세우면 자녀들이 당신을 화나게 할 때도 당신의 분노를 잘 조절할 수 있게 된다.

만일 자녀가 잘못할 때 전에 제시한 질문들을 재빨리 생각해 보고 (두 살인 아이가 "싫어."라고 대답하는 것을 포함하여) 모든 것이 부정적인 것 같으면, "이 아이가 반항을 하나?"라는 질문을 해보아야 한다. 반항심은 드러내 놓고 저항하는 것이며 부모의 권위에 도전하는 것이다.

물론 반항심은 허락될 수 없고 반드시 고쳐져야 하는 행동이다. 그러나 아이가 반항한다고 해서 무조건 벌을 주어야 하는 것은 아니다. 습관적으로 벌을 주는 올무에 빠지지 말아야 한다. 요청으로 반항심을 없앨 수 있다면 이는 최상의 방법일 것이다. 가벼운 체벌이나 명령으로 그렇게 할 수 있다면 그것도 좋은 일이다. 꼭 벌이 필요하다면 아주 조심스럽게 주어야 한다. 이런 사항을 좀 더 알고 싶으면 로스 캠벨이 쓴 『위험에 처한 아이들』 *Kids in Danger* 이라는 책을 참고하기 바란다.

끝으로 어린 자녀들이나 십대 자녀들을 훈계하기 위해 벌을 제1의 방법으로 사용해서는 안 된다. 그 방법은 그들에게 끊임없는 분노를 유발시킨다. 당신은 그 분노를 짓누르기 위해 자녀들을 억압할 것이다. 그리고 자녀들은 당신에게 간접적으로 대항하기 위해 소극적인 공격 태도와 행위를 개발할 것이다(10장에서 소극적인 공격 행동에 대해 다룰 것이다).

5. 행동 수정

'행동을 수정'하는 방법으로도 자녀들을 통제할 수 있다. 여기에는 긍정적인 강화(자녀들의 환경에 긍정적인 요소를 주는 것), 부정적인 강화(자녀들의 환경에서 긍정적인 요소를 제거하는 것), 벌을 주는 것(자녀들의 환경에 부정적인 요소를 주는 것) 등을 이용할 수 있다. 긍정적인 강화의 예로는 자녀가 착한 행동을 할 때 사탕이나 과일을 상으로 주는 것이다. 부정적인 강화는 아이가 잘못했을 때 텔레비전을 못 보게 하는 것이다. 벌을 주는 예는 (때때로 혐오감을 주는 행위라 불리지만) 자녀를 자기 방에 가두는 것이다.

행동 수정 방법은 아이가 자신의 행동을 뉘우치는 기미가 없이 똑같은 행동을 반복할 때 도움을 준다. 하지만 이 방법은 매우 신중하게 사용되어야 한다. 부모들이 이렇게 행동을 바꿔 주는 방법을 지나치게 사용하면 자녀들은 사랑받는다는 것을 잘 느끼지 못할 것이다.

그 첫 번째 이유는 자녀가 착한 일을 할 때만 상을 주는 것처럼 행동 수정 방법이 조건적이기 때문이다.

두 번째 이유는 행동 수정 방법이 자녀들의 감정이나 감정적 욕구를 도외시하며 무조건적인 사랑을 전달할 수 없기 때문이다. 만일 부모들이 자녀들의 행동을 수정하는 방법으로 통제하려고 하면 그들은 왜곡된 가치관을 발달시켜서 자기에게 이득이 되는 것을 먼저 하게 된다. '내게 유익한 것이 무엇인가?'라는 생각이 늘 아이의 머리속에 자리잡게 된다.

행동 수정의 또 다른 문제점은 부모들이 이 방법을 너무 많이 사용할 때 자녀들도 부모에게 똑같은 방법을 쓴다는 것이다. 그들은 자기가 원하는 것을 얻기 위해 부모가 바라는 것을 할 것이다. 이는 곧 사람을 조종하게 만든다.

이렇게 유의할 사항이 많은데 왜 행동 수정 방법을 사용하라고 하는지 이상하게 여길 수 있다. 다시 말하지만 이 방법은 어떤 행동을 계속 반복하면서 반항하는 자녀들에게만 도움을 준다. 하지만 이 방법이 효력을 발생하기까지는 시간이 오래 걸리므로 일관성 있게 행동하면서 끊임없이 노력해야 한다.

훈계 전후에 자녀의 제1의 사랑의 언어를 사용하라

사랑으로 하는 훈계가 가장 효과적이기 때문에 벌을 주기 전이나 후에 의식적으로 사랑을 표현하는 것은 매우 중요하다. 사랑을 전달하는 가장 효과적인 방법이 자녀의 제1의 사랑의 언어를 사용하는 것이기 때문에 자녀의 행동을 고치거나 벌을 줄 때도 자녀의 제1의 사랑의 언어로 부모의 사랑을 표현해야 한다.

래리는 전기 기술자인데 성격이 천성적으로 완고하다. 때문에 그가 부모로서 아빠 역할을 할 때는 매우 엄격하고 원칙에 따라 자녀들을 훈계하려고 했다. 5가지 사랑의 언어에 대해 배우고 보니 자기 아들의 제1의 사랑의 언어가 스킨십이라는 생각이 들었다. 그가 아들을 훈계하는 데 이것을 어떻게 적용했는지 소개하겠다.

"케빈이 뒤뜰에서 야구를 하다 이웃집 유리창을 깬 적이 있어요. 케빈은 뒤뜰에서 야구를 하면 안 된다는 것을 알고 있었어요. 길 하나만 건너면 야구를 할 수 있는 공원이 있거든요. 뒤뜰에서 공놀이를 하면 얼마나 위험한지 여러 번 얘기했지요. 케빈의 공이 자기 집 유리창을 깨는 것을 보고 옆집 사람이 아내에게 전화를 했습니다. 퇴근 후 컴퓨터 게임을 하고 있는 케빈의 방에 가만히 가서 어깨를 살짝 감쌌지요. 조금 후 나를 바라보더군요. 나는 팔을 벌려 케빈을 감싸안으며 '그 무엇보다 널 사랑한다는 것 잘 알지?'라고 말했어요. 나는 케빈과의 친밀감을 조용히 음미하면서 계속 아이를 안고 있었어요. 안았던 팔을 풀면서 '엄마가 스캇 씨 댁에 있었던 일을 이야기하더구나. 아마 그것은 사고였을 거야. 그렇지만 뜰에서 야구하면 안 된다는 것 알지? 그래서 그 규칙을 깬 것에 대해 벌을 주어야 할 것 같아. 마음은 아프지만 너를 위해서 하는 거야. 지금부터 2주일간 야구를 하면 안 돼. 유리창을 갈아 끼우는 비용은 네가 지불해야 한다. 비용이 얼마나 드는지 유리 가게에 전화를 걸어 알아보자꾸나.' 나는 케빈을 다시 안아주었어요. 그 애는 내 눈물이 흐르는 것을 느꼈을 겁니다. 나는 '아빠는 널 사랑해.'라고 말했어요. 그랬더니 케빈도 '아빠, 저도 아빨 사랑해요.'라고 말했어요. 아이 방을 나오면서 먼저 내 사랑을 아이에게 확인시켜 주고 나서 벌을 준 것이 좋았다는 생각이 들었지요. 케빈의 제1의 사랑의 언어는 스킨십이었으므로 벌은 긍정적인 방법으로 주어야 한다는 생각이 들었어요. 전에는 화를 내면서 거칠고 잔인한 말을 퍼붓고 어떤 때는 너무 화가 나서 볼기를 때리기도 했어요. 이제 나는 더 좋은 방법을 알게 되어 하나님께 감사하고 있어요."

케빈의 사랑의 언어가 인정하는 말이라면 래리는 아마 다음과 같이 말했을 것이다.

"케빈, 너랑 잠시 이야기하고 싶구나. 내가 너를 얼마나 사랑하는지 그리고 학교에서 열심히 공부하는 것에 대해 얼마나 고마워하는지 알지? 학교에서 돌아오면 쉬고 싶고 야구하고 싶지? 네가 규칙을 잘 지켜서 늘 고맙게 생각한단다. 네게 벌 줄 일은 별로 없었어. 지금 말하려는 것은 우발적인 사건에 대한 것이지, 너의 평상시 행동을 나무라는 것이 아니야. 스캇 씨가 엄마에게 전화를 해서 네가 야구를 하다 유리창을 깼다는 말을 했다는 것을 알지? 그건 사고였지만 뒤뜰에서 야구를 하면 안 된다는 것은 우리의 규칙이야. 아빠도 맘이 아프지만 너는 규칙을 어겼기 때문에 벌을 받아야 해. 앞으로 2주 동안은 야구를 할 수 없어. 유리창을 보수하는 데 드는 비용도 네가 지불해야 된다. 비용이 얼마나 드는지는 아빠가 유리 가게에 전화해서 알아봐 줄게. 아빠가 화를 내는 것이 아니라는 걸 너도 잘 알지? 유리창을 의도적으로 깼다고는 생각하지 않아. 뒤뜰에서 야구를 할 때는 유리창이 깨질 거란 생각은 전혀 못했을 거야. 아빠는 널 사랑하고 네가 참 자랑스럽단다. 이번 일로 너는 아주 좋은 교훈을 얻은 거야."

그들의 대화는 안아주는 것으로 끝나겠지만 제1의 사랑의 표현은 벌을 받기 전이나 후에 여전히 인정하는 말로 했을 것이다.

자녀의 제1의 사랑의 언어를 사용하라는 말은 그 밖의 다른 사랑의 언어를 사용하지 말라는 뜻이 아니다. 벌을 주기 전이나 후에도 자녀에게 가장 효과적인 사랑의 표현을 하라는 것이다. 당신은 자녀에게 사랑을 보여주어야 하기 때문에 당신이 하는 훈계 형태나 방법에 좀 더 주의를 기울여야 한다.

자녀의 사랑의 언어 존중하기

자녀의 제1의 사랑의 언어를 이해하는 것은 가장 좋은 훈계 방법을 선택하는 데 도움이 될 것이다. 대체로 자녀의 제1의 사랑의 언어와 관련 있는 훈계 형태를 사용해서는 안 된다. 자녀들의 사랑의 언어를 훈계를 위한 수단으로 사용하지 말고 존중하라. 그러한 훈계는 바람직한 효과를 거둘 수 없고 오히려 고통스런 감정을 야기할 수 있다. 자녀는 부드럽게 교정을 받기보다 고통스럽게 거부당하는 느낌을 받을 것이다.

예를 들어, 자녀의 사랑의 언어가 인정하는 말인데 비난하는 말로 벌을 주면 당신이 하는 말은 그들을 사랑하지 않는다는 말로 들릴 것이다. 비난하는 말은 모든 아이에게 고통스럽지만 특히 이런 경우에는 치명적이다. 열여섯 살인 벤은 자기 아버지는 벌을 줄 때 고래고래 소리를 지르고 가슴 아픈 말을 한다며 아버지가 자기를 사랑하지 않는다고 했다. "제가 잘못을 저지르면 아버지는 한 시간 이상 소리를 지르셔요. 아버지는 그런 엄청난 일을 저질렀다는 것을 믿을 수 없기 때문에 제가 당신 아들인지 의심스럽다고 하신 적도 있어요. 제가 정말 아버지 아들인지 의심이 가요. 분명한 것은 아버지가 저를 사랑하지 않는다는 거예요."

벤의 말을 계속 들어보니 그의 제1의 사랑의 언어는 인정하는 말이었다. 그의 아버지가 벤의 행동에 대한 불만을 말로 표현하니 그는 사랑받는다는 느낌을 받을 수가 없었다.

주의하라. 당신 자녀의 제1의 사랑의 언어가 함께하는 시간이라면 그 애가 잘못했을 때 방에 가둬 격리시키는 방법으로 벌을 주면 안 된다. 자녀의 제1의 사랑의 언어가 스킨십이라면 안아주지 않는 것으로 벌을 주어서는 안 된다.

열 살인 에릭은 제1의 사랑의 언어가 스킨십이다. 그래서 종종 어머니 등 뒤로 걸어가 팔을 어머니 어깨에 올려놓고 만지작거린다. 그의 어머니도 스킨십으로 에릭에게 사랑을 전한다. 반면 에릭의 아버지는 잘못할 때마다 매를 때리는 가정에서 자랐기 때문에 에릭이 불순종할 때마다 버릇을 고치기 위해 매를 들었다. 아이를 학대한 것은 아니기 때문에 피부가 벗겨지거나 자국이 남을 정도로 때리지는 않았다.

하지만 에릭은 아버지에게 매를 맞으면 세 시간이나 운다. 그의 아버지는 에릭의 제1의 사랑의 언어가 스킨십인 것을 모르고 이것을 부정적인 방법으로 사용하였던 것이다.

결과적으로 보면 에릭은 벌을 받을 뿐 아니라 사랑받는다는 것도 느끼지 못한 것이다. 그의 아버지는 매를 든 후 단 한 번도 에릭을 안아준 적이 없다. 그렇게 하는 것은 훈계에 대한 자신의 소신과 일치하지 않는다고 생각했기 때문이다.

에릭의 아버지는 훈계에 매우 진지했으나 그것이 얼마나 깊은 감정의 골을 만드는지 인식하지 못했다. 부모들은 훈계의 목적이 그릇된 행동을 바로잡아 주고 자녀 스스로 자기를 훈련할 수 있도록 돕는 것임을 상기해야 한다.

우리가 사랑의 언어라는 개념을 적용하지 못하면 자녀들의 나쁜 행동을 바로잡아 준다는 명목으로 한 일들이 오히려 사랑하는 자녀들의 감정을 파괴시킬 수도 있다. 또한 자녀의 제1의 사랑의 언어를 이해하면 자녀들을 훈련시키는 일을 좀 더 효과적으로 할 수 있다.

THE FIVE LOVE
LANGUAGES OF CHILDREN

9
학습과 사랑의 언어

부모는 자녀들이 제일 먼저 만나는 가장 중요한 스승이다. 연구 조사에 의하면 아이들의 기본 학습 능력을 자극하기에 가장 적합한 시기는 6세 이전이라고 한다. 하버드 학령 전 프로젝트(Harvard Preschool Project)의 창시자이며 현재 책임자인 버튼 화이트는 다음과 같이 말했다. "인간이 태어나 처음 3년간 받는 최초의 교육 체험은 자기의 잠재력을 충분히 개발하는 데 반드시 필요하다".[3]

그러므로 어린아이들에게 자극을 줄 때 학습 능력이 고무된다는 것을 확신한 사회학자와 교육자들은 교육의 혜택을 받지 못하거나 소수 민족의 학령 전 아동들을 돕는 프로그램을 개발했다. 이 프로그램은 아동이 속해 있

---

[3] Burton L. White, *The Origins of Human Competence* (Lexington, Mass.: D. C. Heath and Company, 1979), 31.

는 가정이나 공동체의 환경 안에서 제한되어 있는 것을 보충해주기 위해 마련되었다.

부모는 자녀의 제1의 스승이라는 말은 옳은 말이다. 기본 교수법 가운데 하나는 훈계이고 사랑으로 하는 적절한 훈계는 학습에 자극을 줄 수 있다. 또한 8장에서는 훈계가 사람을 성숙시킨다고 했다. 이제 여기서는 훈계가 자녀들을 학습시키는 면을 고찰할 것이다. 진정한 훈계는 자녀들에게 평생 영향을 미치는 지적, 사회적 능력을 개발하는 데 도움을 준다.

최근 초기 아동 학습의 중요성에 대한 인식이 증가하면서 아동의 지적 발달에 있어서 부모들의 역할이 강조되고 있다. 그렇다고 당신의 어린 자녀들을 반드시 교육시켜야 한다는 말은 아니다. 다만 배우고 탐구하며 감각적인 자극과 즐거운 학습 경험을 위해, 발달하는 두뇌의 긴급한 필요를 만족시키려는 자녀들의 내적 욕구를 이해하기 위해 노력해야 한다는 것이다.

많은 부모가 자녀들이 어렸을 때는 뛰놀다가 1학년이 되어서야 학습을 시작한다고 생각한다. 그러나 아주 어린아이들도 배우는 것을 좋아한다. 그들은 선천적으로 학습 욕구를 가지고 태어나며 어른들이 지겹게 하거나, 때리거나, 길들이려 하거나, 낙담시키지만 않으면 계속 강해진다. 유아들과 막 걷기 시작하는 아이들을 관찰해보면 그들의 활동이 단순히 어린아이의 놀이만은 아님을 발견할 것이다. 어린 자녀들은 몸을 뒤로 젖히기도 하고, 기어다니다가 서서 다시 걷기도 하고, 자기 주변에 있는 것을 만지면서 느끼고 맛도 보면서 새로운 기술을 배운다.

또 말하기 시작하면 그들의 머릿속이 질문들로 가득 차서 서너 살만 되도 매일 수없이 많은 질문을 한다. 그들이 모방하는 단계에 접어들어 어른처럼 행동할 때도 노는 모습만은 어른을 모방하지 않는다. 대신 일하는 모습에서는 어른을 모방한다. 즉 설거지, 트럭 운전, 의사나 간호사 흉내, 아기를 돌보고, 요리하는 것 등을 해본다. 만일 자녀가 노는 것을 단 하루라도 관찰해보고 '도대체 무엇 때문에 저 애가 저렇게 행복한 것일까? 무엇에 저렇게 오래 집중하는 것일까?' 의문을 갖게 된다면 바로 아이가 학습 중이라는 답을 얻게 될 것이다.

가정에서의 학습

아동의 초기 지적 발달은 가정에서 이루어지는 것이 이상적이다. 아이들은 다섯 가지 감각으로 삶을 발견한다. 가정이라는 환경에서 받는 풍부한 시각, 청각, 촉각, 미각, 후각은 아이들의 탐구와 학습의 자연적인 욕망을 충족시켜 준다. 언어 발달은 어른들로부터 어떻게 언어 자극을 받느냐에 따라 크게 달라지므로 아이들에게 말을 걸고 말을 하도록 격려하는 것은 그들의 자연적인 학습 욕망에 상당한 영향을 준다. 말을 잘한다고 격려해 주고 바르게 고쳐주는 일 등은 이런 과정의 한 부분이 될 수 있다. 이렇게 풍부한 언어 환경을 만들어주면 그들의 어휘가 풍부해지고 문장력도 좋아질 것이며 나중에는 그들의 감정과 사고와 욕망을 표현하는 데 이런 기술들을 사용할 수 있을 것이다.

이것은 언어 발달에 영향을 미칠 뿐 아니라 지적 성장에도 영향을 준다. 가정에서 이런 기본적인 지적 자극을 주지 못하면 아이는 커서 학습 활동에 장애를 갖게 되고 교육적 발달을 기대하기가 힘들다. 학교 교육은 가정

환경에서 받지 못한 자극에 약간의 보충 역할만 해줄 뿐이다.

쾌적한 환경과 태도는 가정에서의 학습에 도움을 준다. 아동은 인지적이기보다 감정적이다. 그들은 사실보다 감정을 더 잘 기억한다. 이는 어떤 사건을 자세하게 기억하는 것보다 특별한 상황에서 받은 감정을 더 쉽게 기억한다는 말이다. 예를 들면, 아이는 어떤 이야기를 들은 후 이야기가 주는 교훈은 잊어버려도 그것을 들을 때 느낀 감정은 오래 기억한다.

당신 딸이 학창 시절을 회상할 때 학교 생활은 일일이 기억하지 못해도 선생님은 기억할 것이다. 이 말은 가르칠 때 존중해주고 친절하게 관심을 기울여야 한다는 말이다. 딸아이를 기분 좋게 만들고 부모가 자기를 비난하거나 자존심을 상하게 했다는 느낌이 들지 않게 하라는 것이다. 아무리 좋은 가르침이라도 그 상황이 지루하고 재미 없으면 아이들은 그것을 거부한다. 학습의 주제가 도덕성이나 윤리와 관련될 때는 더욱 그렇다. 그러나 당신이 자녀를 존중하면 자녀도 당신과 당신의 생각을 존중할 것이다.

유아기로부터 전체 훈계 시기에 자녀 학습을 좌우하는 것은 바로 부모다. 학습은 많은 요인에 영향을 받는 하나의 복잡한 기술이다. 그리고 가장 강력한 요인은 당신이 전적으로 학습에 개입하는 것이다.

자녀들이 정서적으로 잘 성장하도록 돕기

아동의 학습 능력에 관한 가장 중요한 요소는, 교육을 가장 잘 받을 수 있는 아이가 되려면 나이에 걸맞게 정서적으로 성숙해야 한다는 것이다. 아이가 자람에 따라 여러 요인에 의해 학습 능력이 증가하며 그중 가장 중요한 것은 정서적 성숙이다. 아이들은 정서적으로 성숙할수록 더 잘 배운다. 그리고 부모들은 자녀들의 정서적 성장에 가장 큰 영향을 미친다.

물론 자녀들의 학습에서 생기는 문제가 모두 부모의 책임은 아니다. 거기에는 부모 외에도 많은 요인이 영향을 미치기 때문이다. 하지만 정서 발달 정도는 아이의 학습 준비 시기나 학습 과정에 상당한 차이를 가져다준다. 그러므로 부모들은 유의하고 도와주어야 한다. 부모가 자녀의 감정의 탱크를 끊임없이 채워주는 것은 학습이라는 펌프에 계속 마중물을 붓는 것과 같다.

당신이 끊임없이 스킨십, 인정하는 말, 함께하는 시간, 선물, 봉사의 사랑의 언어를 자녀들에게 표현하면 자녀들에게 더 많은 지적 자극을 줄 수 있다. 자녀가 아직 어려서 제1의 사랑의 언어를 알 수 없을 때는 규칙적으로 모든 사랑의 언어를 표현하라. 그렇게 할 때 당신은 자녀의 정서적인 욕구를 충족시켜 줄 뿐 아니라 그가 흥미를 느끼는 것을 개발하는 데 필요한 신체적, 지적 자극을 줄 수 있다. 비록 당신이 관심의 초점을 사랑에 두고 있다 해도 당신은 자녀를 가르치고 훈련하는 것이다.

5가지 사랑의 언어를 표현할 시간이 없다고 말하는 부모들은 자녀들에게 지적, 사회적 발달을 자극하는 환경을 마련해주지 못하고 단지 그들의 의식주와 안전 욕구만 충족시켜 줄 뿐이다. 이런 자녀는 신체적으로는 성장할지 몰라도 지적, 사회적 발달에는 커다란 손상을 입는다. 부모의 사랑과 보살핌에 굶주린 자녀들은 학습에 대한 동기를 거의 갖지 못한다. 반면 부모와 자녀 간의 따뜻하고 사랑스런 관계는 자녀의 자존감과 학습의 동기 부여에 튼튼한 기초가 될 수 있다.

부모들은 대부분 자기 자녀가 정서적으로 뒤떨어질 수 있다고 생각하지 않는다. 하지만 도저히 따라잡을 수 없을 정도로 처지는 아이도 있다. 이 얼마나 비극적인 일인가! 자녀의 감정 성숙은 자존감, 정서적 안정감, 스트레스와 변화에 대처하는 능력, 사회에 적응하는 능력, 학습 능력 등 모든 것에 영향을 미친다.

사랑과 학습의 밀접한 관계가 부모가 별거를 하거나 이혼한 경우보다 더 분명하게 드러나는 경우는 없다. 이런 정신적 충격은 자녀의 사랑의 탱크를 깨뜨리고 학습에 대한 흥미를 없애버린다. 사랑이 있어야 될 자리에 혼란스러움과 공포감이 자리잡게 되고 학습에 도움이 되는 좋은 친구들도 갖지 못한다. 부모가 이혼한 아이는 대체로 안정감과 사랑에 대한 확신이 들 때까지 몇 달간 공부에 무관심하다. 참으로 불행한 일은 어떤 자녀들은 이런 상황을 완전히 극복하지 못한다는 사실이다.

거듭 말하지만 부모는 자녀의 인생에 가장 큰 영향을 미친다. 당신이 혼자 자녀를 키우고 있다면 자녀에게 사랑의 언어를 표현하여 자녀가 안정감을 느끼도록 해야 한다. 부모들은 주위의 다른 어른들과 함께 자녀의 사랑의 탱크를 충분히 채워 그들이 잘 자라고 성숙하도록 도와주어야 한다. 이렇게 사랑의 탱크를 충분히 채워줄 때 자녀는 제 나이에 맞는 적절한 정서 수준에 도달하며, 다음 단계의 학습을 준비할 수 있다.

참여하는 부모와 참여하지 않는 부모

미국 교육부 장관 리처드 라일리는 "미국 교육을 개선하려는 노력에서 빠진 것은 부모의 역할이다."[4] 라고 말했다. 1996년에 있었던 독해 시험 결과를 보면 학교 활동에 적극적으로 참여한 부모의 자녀들이 그렇지 않은 경우의 학생들보다 훨씬 점수가 높았다고 한다. 그러나 미국 전역에 걸친 시험 결과는 그다지 고무적이지 않다. 로렌스 스타인버그는 '교실 밖에서 : 학교 개혁이 실패하는 이유와 부모들이 할 일'이라는 글에서 '우리 고등학교 졸업생들은 이런 산업화된 사회에서 지적으로 최저 수준이다. 이것은 능력의 문제가 아닌 태도와 노력의 문제다.'[5] 라고 했다. 템플 대학의 심리학과 교수인 스타인버그는 이것을 아이들은 교육에 반대하는 것이고, 어른들은 권위에 반대하는 것이라고 보았다.

제한된 참여

스타인버그는 20,000명 이상의 학생을 조사한 후 몇 가지 놀랄 만한 요소를 발견했다. 고등학교에 다니는 학생들 가운데 2/3가 부모와 자주 대화하지 않는다고 한다. 과반수의 고등학생은 학교에서 성적을 C, 혹은 그 이하를 받아도 부모가 화를 내지 않는다고 한다. 그들 가운데 1/3은 학교에서 도대체 무슨 일을 하고 있는지 부모들이 '아무 낌새도 채지 못한다.'고 이야기한다. 또한 1/3은 자녀가 학교에서 대부분의 시간을 '농땡이' 치며 보내는 것을 당연시한다고 한다.

---

4) Jennifer Braun, "Parents Make for Kids Who Read Better," *Chattanooga Times*, 18 June 1996, A 10.
5) Laurence Steinberg with B. Bradford Brown and Sanford M. Dornbusch, *Beyond the Classroom: Why School Reform Has Failed and What Parents Need to Do* (New York: Simon & Shuster, 1996), 183, 184.

우리는 또 마약에 대한 부모와 십대 청소년들의 반응을 전국적으로 조사한 결과를 보며 실망하게 된다. 1996년에 조사한 내용에 따르면, 1960년대 베이비부머 부모들 중 2/3는 자신도 십대 때 마리화나를 피워본 경험이 있기에 자녀들도 똑같이 그렇게 할 것이라고 생각하며 또 자녀들이 그런 일을 할 때 어떤 제재도 할 수 없다고 생각한다.

컬럼비아 대학의 '약물 중독과 남용 문제 센터'에서 일하고 있는 조셉 칼리파노는 그런 부모의 태도에 대해 이렇게 말한다. "베이비부머 부모들이 자녀들이 마약을 하는 것에 대해 이런 생각을 갖고 체념하는 듯 보이는 것은 이해가 안 된다. 그들은 당연히 분노해야 한다. 하지만 그들은 '우리가 할 수 있는 일이 아무것도 없다.'는 말만 한다".[6]

과반수에 가까운 부모가 자녀들이 불법으로 마약을 복용하는 것을 안다고 대답했다. 이렇게 말하는 부모들은 마약 복용이 자녀들의 학습 능력을 얼마나 저해하는지 깨닫지 못하는 것 같아 안타깝다. 부모들이 이런 태도를 가질 때 자녀들의 성숙 과정만 지연된다. 이는 정서적으로, 지적으로, 사회적으로 자녀들이 발달하는 데 손상을 입히고 또한 발달 시기를 늦춘다. 부모들의 이런 무관심 때문에 십대 청소년들 사이에서 마약 복용이 날로 증가하고 있다. 미국 보건복지부에 따르면 1992년과 1995년 사이에 청소년 마약 복용이 78% 증가했다고 한다.[7]

---

6) Lauran Neergaard, "Teens Expected to Try Drugs" *Chattanooga Times*, 10 September 1996, A1.
7) Tim Friend, "Teen Use of Drugs Rises 78%," USA Today, 20 August 1996, A 1.

이런 일에 자신들이 할 수 있는 게 아무것도 없다고 믿는 부모들은 자신이 자녀들의 삶에 얼마나 많은 영향을 미칠 수 있는지를 알아야 한다.

이런 반(反)권위적인 태도와 행동은 다음 두 가지에 원인이 있다. 즉 텅 빈 사랑의 탱크와 분노의 감정을 성숙하게 처리하는 법을 훈련받지 못했기 때문이다. 이것은 당연히 아이들의 학습 능력을 저해한다. 학습에 영향을 미치는 가장 심각한 행동 문제는 적극적인 공격형이다. 자녀가 기대하는 것과 정반대로 결정해버리는 무의식 때문에 자녀는 잠재 의식 속에서 의도적으로 학교 공부를 소홀히 할 것이다.

부모는 자녀들의 사랑의 탱크를 충분히 채워주는 동시에 분노의 감정을 어떻게 다루어야 하는지 가르쳐주어야 한다. 우리가 사랑으로 훈계하면서 자녀들의 필요를 채워줄 때 그들의 생활이 원만해진다. 또한 부모가 자녀들의 생활에 개입할 때 생활 전반에 걸친 문제뿐 아니라 자녀의 학습 능력 증가와 학업 성취에도 영향을 미칠 수 있다.

아버지의 참여

자녀의 발달에 아버지의 역할이 중요하다는 인식이 증가하고 있다. 11년간 조사한 어느 연구에 의하면 자녀들이 아버지로부터 관심을 많이 받을수록 비행이 줄어들고 교육 수준이 높아진다고 한다. 자녀들은 자신이 저지른 비행에 대해 비난받을 때, 그 비행의 원인이 된 사람이 바로 아버지라는 말을 많이 한다.

584가정을 조사해보니 이런 비행은 자녀들이 7세에서 11세 사이에 시작해서, 18세에서 22세 사이에 끝났다. 노스캐롤라이나 대학의 사회학자인

캐슬린 해리스는 자녀들이 아버지와 시간을 많이 보낼수록 학업 성취 수준이 높다는 것을 발견했다. 자녀와 아버지 사이에 감정의 유대가 강하면 강할수록 자녀들의 비행이 그만큼 줄어드는 것이다.[8]

부모들이 자녀들에게 필요한 사랑을 주는 데 관심을 갖게 되면, 5가지 사랑의 언어로 사랑의 탱크를 채우기 위해 함께 시간을 보내고 싶을 것이다. 자녀들의 학습 능력과 모든 면에서의 성공의 열쇠는 바로 당신이다. 그리고 당신은 자신의 자녀를 알고 이해하고 또한 그들의 욕구를 충족시킬 수 있는 가정이라는 환경을 갖고 있는 것 외에도 가정을 벗어나 많은 사람들을 만날 수 있는 매우 커다란 특권을 갖고 있다.

불안해하는 자녀 도와주기

정서적으로 안정된 아이는 자기 능력을 최대로 쓸 수 있는 집중력, 동기 부여, 에너지 등을 갖고 있다. 그와 반대로 불안과 우울증으로 고민하거나 사랑받지 못한다고 느끼면 집중력과 주의력에 문제가 생기고 에너지가 감소하는 것을 느낀다. 또한 당면한 과제에 전념하기가 더욱 힘들어 학업에 흥미를 잃고 자기 자신에 몰입하며 감정적인 욕구에 사로잡혀서 학습 능력이 저하된다.

특히 큰 변화가 있거나 학과 내용이 어려워질 때 이런 불안감이 계속된다. 새로운 학습을 경험하게 되면 이런 증세는 더 심각해진다. 이런 불안 증

---

8) Marilyn Elias, "Teens Do Better When Dads Are More Involved," *USA Today*, 22 August 1996, D1.

세는 학습과 관련해서 3학년에서 4학년으로 바뀔 때 가끔 나타난다. 이렇게 학년이 바뀌면서 선생님의 교수 내용과 방법에 변화가 온다. 이런 기본적인 변화는 구체적으로 생각하고 배우는 것에서 추상적으로 생각하고 배우는 것으로의 변화다. 구체적인 학습은 '볼티모어는 메릴랜드주에 있다.'는 내용처럼 단순한 사실을 다룬다. 반면 추상적인 사고는 상징적인 것으로, '단어와 구절은 사상과 개념을 나타낸다.'는 식의 내용을 다룬다. 구체적인 것에서 추상적인 사고로의 전이는 매우 큰 단계 변화여서 모든 아동이 제때에 성취할 수 있는 것이 아니다.

때문에 자녀가 이 단계를 쉽게 넘기지 못하면 많은 곳에서 고통을 겪을 수 있다. 교과 내용을 쉽게 이해할 수 없고 뒤처지는 느낌을 받으며 동급생들에게 열등감을 느끼면서 자존감에 손상을 입게 된다. 이런 상태가 빨리 회복되지 않으면 아이는 우울증이나 불안 중세까지 갖게 되고 전반적인 패배감에 사로잡힐 것이다. 4학년이 시작될 때는 학습 전이에 있어서 가장 중요한 시기이므로 부모들의 특별한 관심이 필요하다.

이 시기와 더불어 자녀에게 위기가 오는 때는 바로 그들의 정서의 성숙 정도에 따라 변화를 맞이할 때다. 정서적으로 성숙하다는 것은 변화의 시기에 불안감을 조절하고 스트레스를 잘 이겨내며 균형 감각을 유지하는 것을 의미한다. 자녀들이 이것을 잘 할수록 학업 성취감을 크게 느낄 것이다. 자녀들이 정서적으로 성숙하고 나이에 맞게 동기 유발을 견지할 수 있는 것은 바로 그들의 충분히 채워진 사랑의 탱크에서 비롯된다.

자녀들이 불안해하는 첫 징조는 부모와 눈을 마주치려 하지 않는 것이다. 극도로 불안한 경우에는 어른들뿐 아니라 친구들도 바로 쳐다보지 못한다. 정서적으로 황폐한 아이는 아주 단순한 의사 소통에도 어려움을 겪는다. 또한 일상적인 학업도 이런 긴장과 불안으로 영향을 받는다.

이런 자녀들 가운데 일부는 선생님이 눈을 맞춰 주거나 스킨십을 하는 등의 특별한 관심으로 도움을 받을 수 있다. 그들의 정서적 욕구가 충족되면 공포감과 불안감은 점점 줄어들고 안정감과 신뢰감이 증가할 것이다. 그렇게 되면 그들은 학업을 계속할 수 있다. 물론 이 모든 욕구는 가정에서 부모에 의해 충족되는 것이 가장 좋다.

자녀에게 동기부여하기

많은 부모가 하는 질문은 "어떻게 해야 자녀들에게 동기를 부여해줄 수 있습니까?"이다. 부모는 자녀들의 사랑의 탱크를 채워주고, 분노의 감정을 처리하는 법을 훈련시킨 후에만 그들에게 동기를 부여해줄 수 있다. 이러한 필수 요소를 해결해주지 못하면 자녀들에게 동기를 부여해주는 방법을 절대 알 수 없을 것이다(다음 장에서 분노와 수동적인 공격 행동에 대해 다룰 것이다). 자녀가 사랑과 보살핌을 받고 있다는 것을 느끼지 못하면 동기를 부여하기가 무척 힘들다. 그 이유는 자녀는 부모와 일체감을 가져야 하고 또 부모의 지도를 받고 싶어하기 때문이다. 만일 자녀의 사랑의 탱크가 텅 비어 있다면 수동적인 공격 행동을 보일 것이며 이는 부모가 원하는 것과 정반대의 결과를 낳을 것이다.

자녀에게 동기를 부여하는 열쇠는 자신의 행동에 책임을 지게 하는 것이다. 책임을 지지 않으려 하거나 질 수 없는 아이는 동기부여를 받을 수 없다. 즉 스스로 책임지는 자녀가 동기부여를 받을 수 있다.

자녀가 흥미를 갖도록 격려하기

자녀가 책임감 있는(그래서 동기부여받는) 아이가 되게 하는 방법이 두 가지 있다. 첫 번째는 자녀의 흥미가 무엇인지 인내심을 갖고 관찰하는 것이다. 즉 당신의 자녀가 무엇을 즐기며 무엇에 감사하며 어떤 일을 좋아하는지 살펴라. 그러면 그들이 그 방향으로 나아가도록 격려할 수 있다. 자녀가 음악에 흥미를 느끼는 것 같으면 그것을 하게 하라. 하지만 자녀가 먼저 그것을 시작하게 하라. 음악 레슨을 부모가 먼저 주선하면 긍정적인 결과를 기대하기 어렵다.

자녀가 책임을 지게 하라

자녀에게 동기를 부여하는 두 번째 방법은 다음 사항을 주지하는 것이다. 즉 당신과 당신 자녀는 똑같은 일을 동시에 책임질 수 없다. 당신이 좀 기다리면서 자녀가 먼저 행동하게 하면 자녀에게 책임질 수 있는 기회를 주는 것이기 때문에 그는 동기부여를 받는다. 그러나 당신이 먼저 서둘러 자녀에게 무언가를 시키면 당신이 그 일에 책임을 지는 결과가 된다.

이것을 숙제와 성적이라는 주제에 적용해보자. 자녀 대부분은 숙제가 골칫거리가 되는 시기를 거친다. 소극적인 공격 행동이 나타나기 시작할 때는 특히 그렇다. 그렇지만 열세 살에서 열다섯 살에 나타나는 소극적인 공격 행동은 지극히 정상적이라는 사실을 기억하기 바란다.

소극적인 공격 행동은 상대방의 급소를 노린다. 즉 이는 부모를 가장 화나게 하는 것을 목표로 하는 행동이다. 부모가 숙제나 성적을 너무 강조하면 이것에 맞서서 자녀는 소극적인 공격 행동을 한다. 부모가 학교 공부를 강조할수록 자녀는 그만큼 그것에 저항할 것이다. 그러므로 다음의 사항을 기억하기 바란다. 부모가 학교 공부에 더 많은 책임감을 가지면 가질수록 자녀들의 책임감은 줄어들 것이다. 그리고 그들이 학교 공부에 책임감을 적게 가지면 그만큼 동기 유발도 적어질 것이다.

자녀가 책임감이 강하고 높은 동기를 갖기 원하면 숙제는 당신 몫이 아니라 자녀들의 책임이라는 사실을 깨닫게 해야 한다. 이 일을 어떻게 할 수 있을까? 자녀들에게 숙제하면서 도움을 요청하면 당신이 언제든지 기쁘게 도와줄 것이라고 일러주라. 그리고 자녀가 숙제하는 것을 책임지게 하려면 도중에 질문하더라도 그것을 당신이 해결해주지 말고 스스로 할 수 있도록 도와라.

예를 들어, 아이가 수학 문제를 풀고 있다고 하자. 그때 당신이 직접 문제를 풀면 안 된다. 문제를 자세히 살펴보고 비슷한 유형의 문제를 풀면서 설명해주어라. 그 후에 책을 되돌려주면 문제를 푸는 데 책임감을 가질 수 있다. 이렇게 하면 자녀들에게 좀 더 책임감을 갖도록 가르칠 수 있다. 만일 선생님이 문제를 충분히 설명한 것 같지 않으면 다음날 학교에 가서 질문하게 할 수도 있다.

물론 혼동을 가져오는 문제를 명확하게, 혹은 부연 설명해줄 때도 있을 것이다. 자녀가 져야 될 책임을 당신이 직접 지지 않는다면 그렇게 해주는 것도 괜찮다. 만일 당신이 자녀의 숙제에 너무 관여한 것 같으면 점차적으로 자녀가 숙제에 책임을 지게 하라. 이때 일시적으로 성적이 내려갈 수 있지만 자녀가 책임을 느끼면서 자립할 수 있으므로 값진 일이 될 것이다. 이렇게 접근할 때 자녀는 시간이 지나면서 도움을 받지 않고도 혼자 할 수 있게 된다. 그리고 학교 교과 과정에 없는 것이라도 당신과 자녀 모두에게 특별한 관심이 있는 주제를 함께 탐구하면서 시간을 보낼 수 있다.

자녀에게 스스로 행동하게 하고 동시에 그 행동에 책임을 갖게 해서 동기를 유발하는 것은 오늘날 깊이 감춰진 비밀이다. 자녀 대부분은 부모와 선생님이 자기 학습에 주도권과 책임감을 가질 것이라 생각한다. 그리고 어른들은 최선을 다해 자녀들을 돌보기 때문에 이런 일을 하며 주도권과 책임을 많이 가질수록 자녀들을 위해 많은 일을 할 수 있다고 믿는다. 하지만 이것은 아주 잘못된 생각이다.

자녀의 사랑의 언어 표현하기

자녀가 당신의 사랑을 확신한다면 학교 수업에서 높은 동기를 가지고 좋은 성적을 거둘 것이다. 자녀의 제1의 사랑의 언어를 이해한다면 학교에 갈 때나 학교에서 올 때 그의 제1의 사랑의 언어를 표현하여 매일 사랑을 경험하게 하라. 학교에 다니는 자녀들의 일상에는 두 번의 중요한 시간이 있다. 즉 집에서 나갈 때와 집으로 돌아올 때 부모들이 사랑스럽게 어루만져주면 자녀들에게 감정적으로 안정감을 느끼게 하고 그날의 과제에 직면할 수 있는 용기를 준다.

레이 앤은 아홉 살이다. 엄마가 5가지 사랑의 언어를 배운 후 그들 생활에 변화가 생겼다. 얼마 후 레이 앤의 엄마는 "레이 앤의 생활이 이렇게 달라지다니 믿을 수 없어요."라고 말했다. "사랑의 언어에 대한 개념을 이해하고 보니 레이 앤의 사랑의 언어가 봉사라는 것을 알게 되었어요. 그러나 이 개념이 학교 생활에도 도움되리라고는 전혀 생각하지 못했어요. 우리 집은 아침마다 한바탕 전쟁을 치릅니다. 남편은 7시에 집을 나서고 레이 앤의 학교 버스는 7시 30분에 옵니다. 저는 시간제로 일하기 때문에 7시 50분에 집을 나서고요. 모두 자기 일을 스스로 하는데 단 한 가지 같이 하는 일이 있다면 집을 나설 때 모두 잘 다녀오라고 인사하는 것입니다."

레이 앤의 엄마는 딸아이가 봉사라는 사랑의 언어를 표현해줄 때 매우 좋아한다는 것을 알고 "오늘 아침에 엄마가 널 위해 꼭 한 가지 일을 해주고 싶은데 어떤 게 좋겠니?"라고 질문했다.

"나는 엄마가 아침을 준비해 주시면 좋겠어요. 직접 차려 먹으려니 너무 번잡해요. 식탁에 차려 놓으시면 앉아서 먹기만 하면 되니까 그렇게 해주시면 정말 좋겠어요." 레이 앤의 엄마는 딸의 요청에 짐짓 놀랐지만 그 요청을 들어주었고 다음날 아침에도 아침 식사를 준비해주었다.

"머지않아 딸의 태도가 달라진 것을 알아차렸습니다. 그 애는 거의 매일 내가 해주는 이 일을 고맙다고 했어요. 그리고 학교에 가기 위해 집을 나설 때마다 아주 기분이 좋은 것 같았습니다. 3일 후부터 딸이 학교에서 돌아왔을 때 한 가지씩 봉사를 해주었어요. 첫날은 과자를 만들어주었지요. 딸이 집에 도착하여 가방을 내려놓을 때, '과자를 만들었는데 좀 쉬면서 먹을래?'라고 말했습니다. 그리고 우유 한 컵을 따라주면서 그날 있었던 일을 함께 이야기했어요. 다음날은 일주일 전에 내게 부탁한 치맛단을 고쳐주었어요. 아이가 집에 들어설 때 '네 치맛단을 줄여 놓았어. 맞는지 한번 입어 보렴.' 하고 말했지요. 아이가 치마 입는 것을 보고 '이젠 잘 맞네.'라고 했어요. 그랬더니 딸이 '엄마, 고맙습니다. 고쳐주셔서 정말 고마워요.' 하는 거예요. 레이 앤이 요구하는 것을 좀 더 예리하게 관찰하고 적어두었습니다. 레이 앤에게 사랑을 표현하는 데 도움이 될 것이라 생각하면서 말입니다. 과자를 만들어주는 일은 딸이 가장 좋아하는 봉사 가운데 하나예요. 그래서 일주일에 며칠은 만든 과자를 먹으면서 함께 이야기했습니다. 불과 4개월 전에 시작된 일입니다. 딸과 함께 이야기하면서 느낀 가장 큰 변화는 아이가 학교 생활에 대해 전보다 더 긍정적으로 말한다는 점입니다. 그리고 우리 둘 사이도 전보다 더 가까워졌습니다."

레이 앤의 제1의 사랑의 언어가 스킨십이었다면 아이가 학교에 갈 때 매일 안아주고 뽀뽀해주며 오후에 집으로 들어설 때 팔을 크게 벌려 안아줌으로써 감정적으로 사랑을 충족시켜 줄 수 있었을 것이다. 물론 아이는 과자와 우유도 맛있게 먹었을 것이다.

물론 자녀가 학교에서 돌아올 때 당신이 집에 없을 수도 있다. 그렇다면 당신이 집에 들어설 때 아이에게 이런 표현을 하는 것이 좋을 것이다. 당신이 아침에 아이와 헤어질 때와 저녁에 집으로 들어설 때 아이의 사랑의 언어를 표현해준다면 당신은 자녀에게 가장 의미 있는 일을 하는 것이다. 그리고 그 행동은 자녀들의 학습에 동기를 부여할 것이다.

THE FIVE LOVE
LANGUAGES OF CHILDREN

10
분노와 사랑

분노와 사랑은 매우 밀접하게 연결되어 있다. 우리는 사랑하는 사람에게 화가 날 수 있다. 사랑에 대한 책에서 분노를 다룬 부분을 보고 당신은 무척 놀랄 것이다. 하지만 우리가 사랑과 분노를 동시에 느끼는 것은 사실이다.

분노는 가정 생활에서 가장 많이 문제를 일으키는 감정이다. 이는 결혼 생활에 갈등을 일으키거나 자녀들에게 말과 신체적 학대를 가하기도 한다. 사회에서 일어나는 대부분의 문제는 분노를 잘못 처리하는 데서 비롯된다.

하지만 어떤 분노는 우리의 생활이나 자녀들을 양육하는 데 긍정적으로 작용하기도 한다. 즉 모든 분노가 나쁜 것은 아니다. 정의와 다른 사람(자녀를 포함해서)의 안녕을 위해 분노를 느낄 수도 있다. 그러므로 분노의 궁극적이고 올바른 목적은 옳은 일을 하게 하고 악에 대항하는 것이다. 분노한 어머니들이 '어머니 음주 운전 방지회' MADD – Mothers Against Drunk Drivers를 창설하고 고속도로 음주 운전 방지에 전력을 다하는 것도 이 때문이다. 이 단체는 한 여인의 아이가 음주 운전하던 차에 치여 죽은 것에 분노하여 적극적으로 음주 운전자를 처벌하는 강경 법안을 만들려는 운동을 벌이면서 시작되었다.

그러나 분노는 문제 해결보다 오히려 문제를 만드는 경우가 더 많은 것 같다. 감정으로서의 분노는 정당한 이유로만 표출되지 않는다. 분노는 가끔 불합리하게 표출되기 때문에 제어하기 힘들고 오히려 지배당하기 일쑤다. 사람들은 몹시 화가 나면 이성을 잃고, 일을 더 악화시키는 파괴적인 방법을 취한다. 또한 우리 자신이나 다른 사람들에게 가장 유익하게 판단하지 못하고 오히려 잘못된 것을 이기적인 방법으로 고치려 한다.

자녀의 안녕을 위협하는 것

분노는 어느 정도 이해할 수 있는 감정이기도 하다. 즉 그것을 왜 느끼는지, 어떻게 표현하는지, 어떻게 다스려서 바꿀 수 있는지 등을 알 수 있다. 부모인 우리가 분노가 무엇이며 그 분노의 감정을 어떻게 적절하게 처리해야 할지 모른다면 자녀들이 화가 났을 때 어떻게 해야 되는지 가르쳐줄 수 없다. 사실 자녀나 부모 모두 매일 분노할 수 있다.

당신은 자녀의 일상에서 가장 위협적인 존재가 바로 분노의 감정이라는 사실에 깜짝 놀랄 것이다. 분노를 잘못 처리하면 그 영향이 자녀들의 현재뿐 아니라 미래의 삶까지 미친다. 이는 학교 성적이 떨어지는 것에서부터 자살에 이르기까지, 모든 영역에서 발생할 수 있다. 그러므로 자녀의 현재와 미래의 안전을 위해 부모가 최선을 다하는 것이 절대적으로 필요하다.

또한 자녀가 분노를 처리하는 법을 잘 배운다면 생활 속에서 일어나는 제반 문제들이 방지될 것이고, 자녀들은 분노로 인해 방해를 받기보다 자기의 유익을 위해 분노를 더 잘 활용할 수 있게 될 것이다.

어른들과 분노

부모는 자녀들을 대하면서 자신의 분노에 대처하는 법도 배워야 한다. 자신의 분노를 적절하게 처리하는 어른들은 많지 않다. 그 이유는 대부분의 분노가 우리도 모르게 무의식적으로 표출되기 때문이고, 또한 분노를 성숙하게 다루는 어른들이 드물기 때문이다.

일반적으로 이는 우리가 배우자나 자녀들을 대하는 데 많은 영향을 준다. 다음 글을 통해 잭슨 가족이 각자의 분노를 어떻게 처리하는지 관찰해 보자.

하루 일과가 끝난 후 피곤한 제프 잭슨은 거실에서 TV를 본다. 설거지를 하고 있는 엘렌은 무척 지친 모습이다. 둘 사이가 행복해 보이지 않는다. 아들이 부엌에 들어서면서 과자를 달라고 했지만 과자를 줄 기분이 아니다. 엘렌은 "저녁 먹기 전에는 줄 수 없어."라고 말했다. 기분이 상한 아들은 사탕통이 보이는 거실로 간다. 이때 아버지가 말했다. "너 엄마 말 못 들었어? 사탕 먹지 마!"

아들은 거실에서 나가더니 5분도 지나지 않아 농구공을 튀기면서 다시

들어왔다. "바비 집에 가도 돼요?" "안 돼. 바비 집에 가지마."라고 아버지가 단호하게 말했다. "너 숙제도 다 못했잖아. 제발 공 좀 치워라!"

아들은 공을 집어들고 나갔다. 5분도 못 되어 다시 부엌으로 들어가 공을 튀기면서 "엄마, 숙제해야 되는데 책이 없어요. 학교에 두고 왔는데 바비는 그 책이 있거든요. 그 애 집에 책 좀 빌리러 가도 되나요?"라고 말했다. 그때 농구공이 식탁을 치면서 위에 있던 컵이 바닥으로 떨어졌다.

제프는 소파에서 벌떡 일어나 부엌으로 갔다. "집안에서 공 갖고 놀지 말라는 소리 못 들었니?" 그는 아들을 손으로 움켜쥐더니 거실로 끌고 가 내동댕이치고 때리며 소리를 질렀다. "도대체 몇 번 말해야 알아듣니? 너는 듣는 훈련부터 받아야 해!"

엘렌이 부엌에서 소리쳤다. "그만 해요, 그만. 애를 죽이겠어요." 제프가 때리는 것을 멈추자 아들은 울면서 자기 방으로 뛰어들어갔다. 아빠는 소파에 앉아 다시 TV를 본다. 그리고 엄마는 침실에 들어가서 운다.

이 가족은 각자의 분노를 건설적으로 처리하지 못했다. 어떤 가정이든지 매일매일 많은 감정의 소용돌이 속에서 지낸다. 그래서 식구들 모두가 분노의 감정을 갖게 된다. 엄마는 아빠가 설거지를 도와주지 않는다고 화를 냈다. 아빠는 집안에서 농구공을 갖고 놀 수 없다는 규율을 아들이 어겼다고 화를 냈다. 그리고 아들은 자기가 한 행동에 대해 아빠가 너무 심하게 야단을 쳤기 때문에 가장 많은 분노를 느꼈다. 그리고 엄마는 아들을 야단치는 남편의 행동에 또다시 화가 났다.

해결된 것이 아무것도 없다. 모든 것이 더 악화될 뿐이다. 아들이 갖고 있는 분노의 감정은 시간이 지나면서 서서히 드러날 것이다. 표면적으로는 만족스럽고 모든 것이 잘되는 것처럼 보이지만 아들의 분노의 감정은 나중에 행동으로 나타날 수 있다.

이제 화가 날 수 있는 같은 사건에 다르게 반응할 때 어떤 일이 일어날 수 있는지 상상해보자.

이른 저녁이다. 엘렌은 하던 설거지를 멈추고 소파에 앉아 있는 제프 옆에 가서 잠시 그의 제1의 사랑의 언어를 표현한다. 그리고 이렇게 말한다. "여보, 지금 좀 화가 나거든요. 이 문제를 해결하려면 당신 도움이 필요해요. 지금 얘기해도 괜찮겠어요? 아니면 그 프로가 끝날 때까지 기다릴까요?" 그러고 나서 부엌으로 가든지 다른 방으로 가서 잠시 책을 읽는다.

둘이 이야기할 때 엘렌은 자기도 하루 종일 일을 하고 집에 돌아와 저녁준비를 하고 청소하는데 제프가 도와주지 않으니 너무 힘들다고 하면서 차분하게 그 부당함을 내비친다. 그녀는 남편에게 앞으로 좀 도와주면 좋겠다고 말한다.

엘렌과 제프가 이야기하는 동안 아들이 엄마에게 과자를 달라고 했을 때도 그는 전혀 다른 대답을 들었을 것이다. 아들이 부엌에서 두 번 정도 농구공을 던질 때 아빠가 공을 뺏어들고 잠시 아들의 제1의 사랑의 언어를 표현해준다. 그러면서 아들이 집안에서 공놀이를 할 수 없는 규율을 어겼으므로 이틀간 자동차 트렁크에 공을 집어넣겠다고 말한다. 아빠는 잠시 아들의 사랑의 언어를 다시 표현한다.

이렇게 하면, 앞의 가정과 얼마나 다른 분위기가 되겠는가? 자기의 분노의 감정을 조절할 줄 모르는 부모들은 자녀에게도 분노의 감정을 어떻게 조절해야 할지 훈련시킬 수 없다. 하지만 분노 조절 훈련은 자녀와 사회의 안녕을 위해서도 반드시 필요하다. 만일 당신이 분노의 감정을 처리하는 법을 배운 적이 없다면 반드시 그것을 배워 두어야 한다. 그래야 행동이나 말로 본을 보여 자녀들을 가르칠 수 있다.

인격 훈련

분노의 감정을 어떻게 처리하느냐는 인격의 가장 중요한 부분인 도덕성을 형성하는 데 큰 영향을 미친다. 분노의 감정을 적절하게 처리하는 법을 자녀들에게 가르쳐라. 그러면 자녀들은 바른 인격과 강한 도덕성을 발달시킬 수 있을 것이다.

반대로 자녀들이 분노를 성숙하게 처리하는 법을 배우지 못하면 그들의 인격, 즉 개인의 가치 체계, 윤리, 도덕 등에 많은 결함을 갖게 될 것이다. 더불어 이런 미성숙은 인격의 결함을 초래한다.

이와 같은 결핍은 자녀의 영적인 발달에도 영향을 미친다. 아이가 분노의 감정을 잘 다스릴 줄 모르면 하나님의 권위를 포함해서 모든 권위에 더 많은 적대감을 나타낼 것이다. 또한 자녀들이 분노의 감정을 미숙하게 다스리면, 이는 부모들의 영적인 권위에 대항하게 하는 근본 원인이 될 수 있다.

하지만 부모가 분노의 감정을 잘 다루도록 가르치면 그들의 삶이 활짝

피는 것을 볼 수 있다. 분노의 감정은 좋은 것도 나쁜 것도 아닌 매우 정상적인 인간의 감정이다. 문제는 분노의 감정 자체가 아니라 그것을 다루는 방법이다. 분노의 감정이 에너지를 주고 동기를 부여하여 그렇지 않으면 잠자코 있을 상황에서 행동하게 한다면 유익한 결과를 낳을 수도 있다.

  수줍음 많은 열네 살의 질이라는 아이가 있다. 질은 심한 좌절과 갈등을 겪고 있었다. 질의 역사 선생님은 종교적인 모든 믿음을 폄하하는 습관이 있다. 기독교에 대해서는 더욱 심했다. 선생님은 질이 존경하는 훌륭한 기독교인들을 자주 비난했다. 그러자 기독교인인 질은 혼란스러웠고 나중에는 자기 믿음에 의심까지 생기기 시작했다.

  학기 중간쯤 되었을 때 선생님이 '목사님의 자녀들'에 대해 몹시 비아냥거리는 표현을 했다. 질의 친구 가운데 목사님 딸이 하나 있었고 선생님의 그런 표현이 질을 화나게 했다. 아니 질은 분개했다! 그날 저녁 질은 기독교인인 반 친구들을 불러서 선생님께 시위할 계획을 세웠다. 그리고 선생님이 또 그런 표현을 하려고 할 때 그들은 정중하지만 매우 단호하게 그런 표현을 사용하지 말 것을 요구했다. 학생들은 선생님으로 하여금 그의 말이 모욕적임을 깨닫게 만들었다.

  선생님은 처음에 어린 학생들의 행동을 무시하려 했으나 곧 자신의 어리석음을 알고 주제를 바꾸었다. 그 학기가 끝날 때까지 선생님은 더 이상 종교적 믿음을 격하하는 표현을 하지 않았다. 질은 자기의 분노를 건설적으로 다스려 선생님을 일깨워주었으며, 동시에 개인적인 자유도 보장받을 수 있었다.

소극적인 공격 행동으로 분노하는 자녀 도와주기

대부분의 사람들이 질이 자기 감정을 잘 다스린 것처럼 하지 못한다는 사실은 참으로 불행한 일이다. 분노의 감정을 흔히 파괴적인 방식으로 표현하는 것을 '소극적인 공격 행동'이라고 부른다. 소극적으로 공격하는 행동은 어떤 개인이나 그룹에 대해 간접적으로, 혹은 '소극적으로' 대응하는 분노의 한 표현이다. 이는 권위를 가진 사람이나 가치 체계 - 부모, 스승, 목회자, 직장 상사, 경찰관, 법관, 사회적인 규범 - 에 정면으로 반대한다는 무의식적인 결정이다. 물론 어린 자녀들이나 십대 청소년들에게 제1의 권위를 가진 사람은 부모다.

척은 열다섯 살 된 학생이다. 그는 매우 총명하고 학습 능력에 별 문제도 없어 당연히 성적이 좋을 것 같았다. 척은 학교에서 돌아오면 반드시 숙제를 한다. 하지만 그는 늘 부모에게 화가 많이 나 있다. 때문에 자기 능력에 비해 언제나 성적이 좋지 않다. 그로 인해 부모는 좌절하고 있다. 척의 행동은 전형적인 소극적인 공격 행동형이다.

소극적인 공격 행동 인지하기

부모들이 소극적인 공격 행동을 다루는 방법에는 여러 가지가 있지만, 문제의 행동을 일으키는 요인은 다른 것도 많기 때문에 그것을 바르게 인식하는 것이 대단히 중요하다.

첫째, 소극적인 공격 행동은 앞뒤가 맞지 않는다. 척의 경우도 그랬다. 그의 능력과 노력에 비해 성적이 낮은 것은 이해하기 힘들다.

둘째, 당신이 행동을 바로잡기 위해 할 수 있는 일이 아무것도 없다는 것을 깨달을 때 소극적인 공격 행동이라고 의심해볼 수 있다. 소극적인 공격 행동의 목적은 권위를 가진 사람을 화나게 하는 것이기 때문에 이런 행동을 하는 사람은 권위를 가진 사람이 무슨 행동을 취하더라도 별로 상관하지 않는다. 척의 부모와 선생님은 그의 성적을 향상시킬 수 없었다. 그들은 숙제를 도와주고 성적이 향상되면 상을 주겠다는 약속도 했으며, 벌을 가하기도 했다. 새로운 방법들이 그때마다 잠시 효과가 있는 것 같았지만 오래 지속되는 것은 하나도 없었다. 바로 이런 이유로 소극적인 공격 행동을 다루기가 힘들다. 소극적인 공격 행동의 내재된 목적은 권위를 가진 자를 화나게 하는 것이기 때문에, 척은 자기에게 어떤 방법을 취해도 효과가 없을 것이라고 확신하고 있었다.

셋째, 이런 행동의 목적이 권위를 가진 자를 좌절시키는 것이라 할지라도 궁극적으로 이런 행동을 하는 사람은 본인이 파멸될 것이며 그의 미래와 인간 관계는 심각한 영향을 받을 것이다.

십대 청소년 중간기에 나타나는 소극적인 공격 행동

소극적인 공격 행동이 자연스러운 시기가 일생에 단 한 번 있다. 이는 열세 살에서 열다섯 살에 걸친 사춘기가 시작되는 시기다. 하지만 이런 행동도 어느 누구에게 해를 주지 않을 때 정상적인 것으로 간주될 수 있다. 그러므로 자녀들이 분노의 감정을 성숙하게 다루는 법을 배워서 소극적인 공격 행동을 극복할 만큼 성장하는 것이 반드시 필요하다. 그렇지 못하면 이런 행동이 그의 성품이나 인격의 한 부분이 되어 평생 동안 고용주나 배우자,

자녀들, 친구들에게 대항하며 살 것이다.

우리 부모들이 어렸을 때는 이런 행동의 표출 방식이 극히 제한되어 있었다. 시골에 사는 십대 아이들은 옆집의 소를 헛간 지붕으로 끌어올리거나 바깥채를 뛰어 넘게 했다. 도시에 사는 소년들은 팀을 만들어 폭스바겐 자동차를 몰래 끌고 가 분해하고 다시 조립해 놓기도 했다. 이에 비해 오늘날 십대 청소년들의 소극적인 공격 행동은 매우 다양하다. 또 그중에는 마약, 폭력, 흡연, 범죄, 성병이나 임신의 원인이 되는 난잡한 성행위, 학업의 실패, 자살 등 매우 위험한 것들이 많다. 몇몇은 몹시 심각한 손상을 입은 후에 이 단계를 벗어나기도 한다.

부모는 해롭지 않은 소극적인 공격 행동과 비정상적이며 해로운 소극적인 공격 행동을 구분할 줄 알아야 한다. 예를 들면, 화장실 휴지를 풀어서 나무에 걸어 놓거나 앞마당에 펼쳐 놓는 일 등은 십대 자녀들의 소극적인 공격 행동 가운데서도 지극히 정상적인 행동일 수 있다. 방을 지저분하게 만들면 화가 나겠지만 이런 행동은 해로운 것이 아니다. 매우 격렬한 운동들은 흥분과 위험 욕구를 충족시켜 줄 수 있다. 이 단계에 있는 십대들에게 도움이 되는 활동에는 단순한 등산, 자일을 이용한 등반, 장거리 자전거 타기, 혹은 단체나 개인 운동 종목들이 있다.

이 단계에 있는 자녀들을 돕고 싶다면 그들이 열일곱 살이 될 때까지 분노의 감정을 잘 다스릴 수 있도록 훈련시켜야 한다. 소극적인 공격 행동을 대신할 수 있는 좀 더 성숙하고 수용할 수 있는 다른 행동을 배우지 않으면 아이들은 그런 행동에서 벗어날 수 없다.

많은 청소년이 이 단계를 완전히 벗어나지 못하고 어른이 되기 때문에 이런 행동은 어른들에게서도 쉽게 발견된다. 사람들은 대부분 분노 자체를 이해하지 못하고 또 그것을 다루는 방법도 잘 모른다. 많은 부모는 분노는 모두 나쁜 것이므로 자녀들이 분노를 나타낼 때는 반드시 벌로 다스려야 한다고 생각한다. 이는 비극이 아닐 수 없다. 이런 생각으로 분노에 대처하면 아무 소득이 없다. 이는 자녀들의 분노의 감정을 건설적인 방법으로 해결하는 것이 아니다. 오히려 이렇게 성장한 자녀가 어른이 되면 부모가 자기에게 했던 방식을 그대로 답습해서 자녀들의 분노를 잘못 다루는 결과를 낳는다.

소극적인 공격 행동이 대학 생활을 실패하게 하는 주된 요인이 되기도 한다. 이런 행동은 직장 생활에서 상사와의 불화의 원인이 되며 부부 생활에서 배우자를 공격하는 것으로 나타나기도 한다. 이처럼 소극적인 공격 행동은 인생을 몹시 힘들게 만드는 숨겨진 원인이므로 부모들은 자녀들을 잘 훈련시켜서 그런 분노의 감정을 적절하게 다스리도록 가르쳐야만 한다.

어릴 때부터 올바르게 반응하도록 가르치기

분노의 감정을 다스리는 법을 가르치기 위해 자녀가 십대가 될 때까지 기다릴 필요가 없다. 물론 자녀들이 예닐곱 살 정도로 자랄 때까지는 분노의 감정을 성숙하게 다룰 수 있으리라고 기대하지 않지만 어렸을 때부터 시작해야만 한다.

자녀들이 분노를 표출할 수 있는 방식이 제한되어 있기 때문에 부모로서 그들의 분노의 감정을 다루는 것은 부모 노릇 중 제일 힘든 부분이 될 것이다. 분노의 감정은 말과 행동 두 가지로만 표출될 수 있다. 그런데 두 가지 방법 모두 부모들이 다루기 힘들다. 부모들은 이런 분노의 감정이 어느 방향으로 나올지 모른다. 분노의 감정이 한 군데로 집중하여 나오지 않을 수도 있다. 그래서 부모들은 자녀들이 표현하는 분노의 감정에 파괴적인 방식으로 대응하기도 한다.

두 가지 표출 방식을 관찰해보면 행동으로 하는 것보다 말로 하는 것이 훨씬 낫다는 것을 발견할 것이다. 당신의 자녀가 말로 분노의 감정을 표현하면 좀 더 성숙한 방식으로 분노를 표현하도록 훈련시킬 수 있다. 당신은 무슨 방법을 써서라도 자녀의 소극적인 공격 행동을 피하고 싶을 것이다.

자녀가 예닐곱 살이 될 때까지 우선적으로 소극적인 공격 행동이 뿌리를 내리지 못하게 해야 한다. 가장 먼저 해야 할 일은 무조건적인 사랑으로 자녀의 사랑의 탱크를 충분히 채워주는 것이다. 분노와 비행의 근본 원인은 텅 빈 사랑의 탱크다. 자녀의 사랑의 언어를 분명하게, 규칙적으로 표현하라. 그러면 소극적인 공격 행동이 뿌리내리지 못할 것이다. 사랑의 탱크가 충분히 채워지면 비행을 통해 "저를 사랑하나요?"라고 질문하며 자기의 불행을 부모에게 내보이려 하지 않을 것이다. 사랑의 탱크가 텅 빈 자녀들은 비행으로 부모에게 "나를 사랑하나요?"라고 묻는다. 물론 텅 빈 사랑의 탱크가 비행이나 분노의 유일한 원인은 아니지만 보편적인 원인은 된다.

자녀들은 부모들의 분노에 아무 대항을 할 수 없다는 것도 알아야 한다. 당신이 자녀들에게 분노의 감정을 퍼부으면 이는 곧바로 그들의 내면으로 스며든다. 이런 일이 종종 일어날 때마다 분노가 모아져 소극적인 공격 행동으로 표현될 수 있다. 자녀의 말에 귀를 기울여 그가 분노의 감정을 말로 표현하게 하라. 그가 분노의 감정을 표현할 때, 듣기 거북할 수도 있지만 그것이 더 바람직한 방법이다.

참으로 불행한 일은 자녀들이 분노의 감정을 말로 표현할 때 부모들이 오히려 자녀들보다 더 화를 내면서 다음과 같이 말한다는 것이다. "네가 감히 어떻게 그런 말을 할 수 있니? 다시는 그런 말 하지 마. 알았어?" 이때 자녀들은 두 가지 선택을 할 수 있다. 그 말에 복종하여 다시는 말로 분노의 감정을 표현하지 않거나, 아니면 전혀 복종하지 않는 것이다. 이 얼마나 자녀들을 궁지에 몰아넣는 상황인가!

자녀들이 분노의 사다리를 올라갈 수 있도록 도와주기

수많은 부모가 '분노의 사다리' (도표 참조)를 보고 자녀들의 분노를 이해하는 데 도움을 받았다. 이제 당신은 앞으로 자녀들이 분노의 사다리를 한 계단씩 오를 수 있도록 도와주어야 한다. 분노의 사다리를 올라가는 것은 가장 부정적인 표현 방식에서 점차 긍정적인 표현 방식으로 옮겨가는 것을 나타낸다. 분노의 사다리의 목적은 자녀들이 사건을 해결하는 데 있어서 소극적인 공격 행동을 하거나 언어를 난폭하게 사용하지 않고, 침착하고 아주 상냥하게 반응하도록 하기 위함이다. 이 과정은 오래 걸리며 부모의 훈련, 모범, 인내심 등이 필요하다. 자녀들의 행동이 보다 부정적인 것에서 덜 부정적인 것으로 매우 느리게 바뀔 것이다. 그러므로 자녀의 대답이 여전히 부정적이라 해도 완전히 부정적인 것은 아니다. 결과적으로 부모들이 언제나 그 과정을 볼 수 있는 것도 아니다.

분노의 사다리

긍정적인 증상
1. **상냥함, 해결책을 모색함, 분노의 원인에 관심을 가짐, 처음의 불만 사항을 표현하지 않고 마음에 갖고 있음, 논리적으로 생각함.**
2. **상냥함, 분노의 원인에 관심을 가짐, 처음의 불만 사항을 표현하지 않고 마음에 갖고 있음, 논리적으로 생각함.**

긍정적인 증상과 부정적인 증상
3. **분노의 원인에 관심을 가짐, 처음의 불만 사항을 표현하지 않고 마음에 갖고 있음, 논리적으로 생각함**, 상냥하지 않고 목소리가 큼.
4. **처음의 불만 사항을 표현하지 않고 마음에 갖고 있음, 논리적으로 생각함**, 상냥하지 않고 목소리가 큼, 분노의 원인을 다른 곳으로 돌림.
5. **분노의 원인에 관심을 가짐, 처음의 불만 사항을 표현하지 않고 마음에 갖고 있음, 논리적으로 생각함**, 상냥하지 않고 목소리가 큼, 언어의 남용.
6. **논리적으로 생각함**, 상냥하지 않고 목소리가 큼, 분노의 원인을 다른 곳으로 돌림, 아무 관계없는 불만 사항을 말함.

초기 부정적인 증상
7. 상냥하지 않고 목소리가 큼, 분노의 원인을 다른 곳으로 돌림, 아무 관계없는 불만 사항을 말함, 감정적으로 파괴하는 행동을 함.
8. 상냥하지 않고 목소리가 큼, 분노의 원인을 다른 곳으로 돌림, 아무 관계없는 불만 사항을 말함, 언어의 남용, 감정적으로 파괴하는 행동을 함.
9. 상냥하지 않고 목소리가 큼, 욕을 함, 분노의 원인을 다른 곳으로 돌림, 아무 관계없는 불만 사항을 말함, 언어의 남용, 감정적으로 파괴하는 행동을 함.
10. **분노의 원인에 관심을 가짐.** 상냥하지 않고 목소리가 큼, 욕을 함, 분노의 원인을 다른 곳으로 돌림, 물건을 던짐, 감정적으로 파괴하는 행동을 함.
11. 상냥하지 않고 목소리가 큼, 욕을 함, 분노의 원인을 다른 곳으로 돌림, 물건을 던짐, 감정적으로 파괴하는 행동을 함.

부정적인 증상
12. **분노의 원인에 관심을 가짐**, 상냥하지 않고 목소리가 큼, 욕을 함, 소지품을 부숴 버림, 언어의 남용, 감정적으로 파괴하는 행동을 함.
13. 상냥하지 않고 목소리가 큼, 욕을 함, 분노의 원인을 다른 곳으로 돌림, 소지품을 부숴 버림, 언어의 남용, 감정적으로 파괴하는 행동을 함.
14. 상냥하지 않고 목소리가 큼, 욕을 함, 분노의 원인을 다른 곳으로 돌림, 소지품을 부숴 버림, 언어의 남용, 신체적으로 학대함, 감정적으로 파괴하는 행동을 함.
15. 소극적인 공격 행동.

주의 사항: 위의 글 가운데 진한 글자는 분노의 감정을 긍정적으로 표현하는 방법을 표시해 준다.
자료: 로스 캠벨의 『위험에 처한 아이들』(Colorado Springs: Victor, 1995), 69.

소극적인 공격 행동은 사다리의 가장 아래 칸에 있다는 것을 주시해야 한다. 이는 전혀 다듬어지지 않은 분노의 감정을 나타낸다. 이런 행동은 십대 청소년기에 보통 일어날 수 있기 때문에 어떤 면에서는 그 지점을 잘 다루어야 한다. 하지만 자녀가 그 단계에 계속 머무르게 하면 안 된다. 만일 그대로 내버려둔다면 자녀에게 파멸과 불행의 자리를 마련해주는 것이다.

또한 한 번에 한 계단씩 올라간다는 것을 염두에 두어야 한다. 이런 과정을 빨리 끝내버리려고 한다면 오히려 좌절하게 될 것이다. 자녀가 다음 계단을 오를 준비가 될 때까지 기다려야 한다. 여기에는 인내와 지혜가 필요하다. 분명 기다린 보람이 있을 것이다. 자녀가 분노를 표출하는 것을 지켜보면서 그의 분노가 분노의 사다리 어느 지점에 있는지 알아야 한다. 그래야 그 다음이 어떤 단계인지 미리 파악할 수 있다 (분노의 사다리에 대해 좀 더 알고 싶으면 로스의 『위험에 처한 아이들』을 읽기 바란다).

내(캠벨) 아들 데이비드가 열세 살 때의 일이다. 별로 유쾌하지 않은 기억이다. 그 애는 아주 특별한 일에 화가 날 때 말로 분노를 터트렸다. 아들은 내가 듣기 싫어하는 말로 분노를 터트리곤 했다. 나는 분노를 터트리도록 내버려두는 것이 그 아이가 지금 어느 단계의 사다리에 있는지를 파악하는 데 도움이 된다는 것을 알고 있었다. 그래서 속으로 중얼거렸다. "데이비드 이 녀석 봐라. 그래 실컷 화풀이 해라. 네가 다하고 나면 그땐 내 차례다." 물론 나는 이 말을 데이비드에게 직접 하지 않았다.

분노를 표출하게 하는 또 하나의 이유는 데이비드가 분노의 감정을 오래 지니고 있을수록, 그것이 온 집안에 영향을 미치기 때문이다. 하지만 일단 쌓인 분노를 밖으로 내보내고 나면 그 녀석도 스스로 어리석었다는 것을 느끼고 나는 다시 그를 조절할 수 있게 된다. 그는 모든 분노를 말로 표현하고 나서, "이제 무엇을 해야 되지?"라고 자문하면서 멋쩍어한다. 그때가 바로 내가 그를 훈련시킬 수 있는 절호의 기회다.

데이비드의 입에서 분노의 말이 흘러나오게 하는 또 다른 이유가 있다. 그가 말로 분노의 감정을 많이 터트릴수록 오늘날 만연해 있는 거짓말, 도둑질, 성관계, 마약 등으로 소극적인 공격 행동을 하지 않게 된다. 이는 당신 자녀에게도 적용된다. 자녀들의 분노를 말로 표현하게 만들어라. 그러면 자녀의 분노의 사다리의 위치를 바로 알게 되고 아이의 내면에 잠재되어 있는 소극적인 공격 행동을 막을 수 있다.

분노의 감정을 말로 표현하게 하기

부모들이 자녀들을 이렇게 다루는 것이 쉬운 일은 아니다. 자녀들에게 분노의 감정을 말로 표현하게 하는 것은 지나치게 보일 수 있다. 하지만 실제로는 그렇지 않다. 자녀들은 나이에 상관없이 분노의 감정을 미성숙한 방식으로 자연스럽게 표출한다는 사실을 염두에 두기 바란다. 당신은 자녀들에게 분을 내고 그들의 화를 강제로 누그러트리면서 그들이 분노의 감정을 성숙한 방법으로 표현하도록 훈련시킬 수는 없다. 만일 그렇게 한다면 그들의 분노의 감정은 억압당하여 결국 소극적인 공격 행동으로 나타날 것이다.

당신 자녀가 분노의 감정을 성숙한 방법으로 처리하기 원한다면 비록 '듣기에 불쾌하더라도 말로 표현하도록 허락' 해야 한다. 그들이 분노의 감정을 표현하도록 허락하면 그들의 분노의 사다리를 한 계단 끌어올릴 수 있다. 모든 분노는 반드시 말이나 행동으로 표출된다는 사실을 기억하라. 말로 분노의 감정을 표현하지 못하면 소극적인 공격 행동이 뒤따를 것이다.

자녀가 화를 낸다고 해서 반드시 당신을 존경하지 않는 것은 아니다. 그가 당신을 존경하고 있는지 알아보려면 자신에게 '내 권위에 대한 자녀의 평상시 태도는 어떤가?' 질문해보기 바란다. 대부분의 자녀가 90% 정도의 시간은 부모를 존경한다. 이 말은 당신 자녀에게도 해당된다. 그러므로 만일 아이가 지금 어떤 특별한 상황에 대해 당신에게 말로 화를 내고 있다면 그야말로 반가운 일이다. 일단 자녀가 분노의 감정을 쏟아버리면 당신은 그를 훈련시킬 수 있는 좋은 입장에 놓이게 된다.

"내 딸이 분노의 감정을 말로 표현하는 것에 고마움을 느끼고 나 자신을 자제하라니 말이 되는가?" 하고 의아해할 수 있다. 이것이 쉽지 않다는 것을 안다. 하지만 이렇게 할 때 당신을 억지로라도 성숙하게 할 수 있다. 그리고 훗날 당신과 가정에 나쁜 문제들이 계속해서 일어나는 것을 막을 수 있다.

'어떤 특별한 사건이나 인간 관계에는 화를 내지 않지만 대부분의 시간에 말로 화풀이를 하는 자녀들은 어떻게 하란 말인가?' 생각할 수 있다. 어떤 자녀들은 부모들을 조종하여 자기가 원하는 것을 얻기 위해 분노의 감정을 표현한다. 사실이다. 하지만 이는 용납될 수 없다. 남을 화나게 하고 상처 주려는 욕망에서 분노를 말로 표현하는 것은 매우 부당한 일이므로 반드시 시정되어야 한다. 이런 행동도 비행을 다루듯 해야 한다. 하지만 시정할 때도 부모의 기본 바로미터인 '상냥하면서 엄격하게' 하는 태도를 견지하라.

　이것이 어렵게 보일 수 있다. 하지만 어떤 특별한 문제에 자녀가 화를 내면서 말로 분노를 터트리도록 내버려두는 것이 자녀를 훈련시킬 수 있는 기회가 된다. 이 문제는 나중에 다시 다룰 것이다. 자녀가 분노를 말로 터트리도록 적당한 기회를 주어야 한다는 것을 명심하기 바란다. 물론 자녀가 뚜렷한 이유도 없이 단순히 당신을 조종하기 위해 분노를 터트린다면 이는 받아들일 수 없는 행동이므로 다른 비행을 다루듯 엄하게 다루어야 한다. 그러나 당신이 받아들일 수 없는 표현으로 자녀들의 분노가 나타난다 해도 분노를 자녀에게 직접 터트리지 말고 적절한 훈련법을 활용하기 바란다. 언제나 상냥하면서도 엄격한 태도를 유지하라.

훈련 시기

　자녀가 가끔 당신에게 일상에서 분노를 터트릴 때는 바로 훈련을 받기 위해 오는 것임을 기억하기 바란다. 그러므로 당신과 자녀 모두 침착해지고 좋은 감정을 다시 가질 때까지는 훈련을 시작하지 말아야 한다. 하지만 너무 오래 기다리면 안 된다. 너무 오래 기다리면 이미 발생한 일의 효력이 상실될 것이다. 가능하면 빨리 그 일에 대해 다음의 세 가지 사항을 점검하라. 다음의 사항들은 자녀가 자기 분노를 긍정적인 방법으로 다루는 데 도움을 줄 것이다.

　　1. 당신이 그를 비난하는 게 아니라는 사실을 주지시켜라. 특히 그가 권

위에 대항하는 반응을 보였다면 자기가 한 일에 심한 죄책감을 가질 것이다. 그를 비난하는 것이 아님을 알게 하지 않으면 다시는 자기 분노를 말로 표현하지 않을 것이다. 그가 분노를 말로 표현하지 않으면 당신은 그에게 분노의 사다리를 올라갈 수 있는 기회를 주지 못할 것이다. 당신이 그를 하나의 인격체로 받아들이고 그가 행복해하거나 슬퍼하거나 화가 났을 때도 그의 감정을 알려고 하는 것이 훈련의 한 부분임을 명심하기 바란다.

2. 자녀가 잘한 일을 칭찬해라. "네가 화났다는 것을 표현한 것은 잘한 일이야. 너는 남동생과 개에게 화풀이하지 않더구나. 아무것도 던지지도 않았고 벽을 발로 차지도 않았어. 네가 단지 화났다는 사실만 내게 알려주었지." 아이가 무슨 일을 했든 상관하지 말고 잘한 일은 모두 언급해라. 아무 때나 아이가 말로 분노를 당신에게 터트리다보면 옳은 일을 하게 되고 나쁜 일은 피하게 된다.

3. 자녀가 분노의 사다리를 올라가도록 도와주어라. 그 목표는 당신의 아들딸이 분노에 좀 더 긍정적인 반응을 하게 하는 것이다. 이는 무엇을 금지하는 것이라기보다 자녀에게 정중히 요청하는 것이다. "다시는 날 그런 식으로 부르지 마!"라고 하지 말고 "지금부터 나를 그런 식으로 부르지 않으면 좋겠다. 알겠니?"라고 말하라. 물론 그렇게 요청했어도 다시 그렇게 하지 않는다고 보장할 수는 없다. 하지만 그가 충분히 성숙해지면 다음 단계의 사다리를 오르는 것은 확실하다. 그날이 바로 다음날일 수도 있고 몇 주일 후, 혹은 몇 달 후에 올 수도 있다.

이런 훈련은 오래 걸린다. 또한 아주 힘든 과정이다. 하지만 이것을 여러 번 반복하다보면 자녀는 상기시켜 주지 않더라도 스스로 옳은 일을 찾아서 할 것이다. 당신이 이처럼 자녀를 훈련시키면서 동시에 자기 분노를 성숙하게 처리하는 모범을 보이면 이후에도 계속 자녀 스스로 자기 훈련을 하는 데 도움이 될 것이다.

자녀들의 분노를 다루는 방법에 대해 좀 더 많은 정보를 얻고 싶으면 로스가 쓴 『진정한 자녀 사랑과 십대 문제 부모 고민』을 참고하기 바란다.

사랑과 분노

자녀의 분노를 다루는 데 있어서 가장 중요한 요소는 그들을 향한 당신의 무조건적인 사랑임을 다시 한번 강조하고 싶다. 그들이 당신의 사랑을 알고 느낄 때 당신이 시키는 훈련에 더 잘 따를 것이다. 그러면 열일곱 살까지 그들을 감정적으로 성숙시킨다는 당신의 목표가 무난히 성취될 것이다.

우리는 사랑을 다른 사람의 관심거리를 찾아 그 욕구를 충족시켜 주는 것이라고 정의한다. 이런 정의를 내리면 거친 말이나 행동은 사랑의 결핍에서 비롯됨을 알 수 있다. 자녀를 사랑하면서 소홀히 대할 수는 없다. 자녀를 아주 거칠게 대하면서 사랑한다고 하면 이는 사랑이라는 말을 무색하게 만드는 것이다. 이런 식으로 자녀를 대하면 그는 사랑받는다고 느끼지 못하고 오히려 분노의 감정을 갖게 된다. 부모에게 사랑받지 못한다고 느끼기 때문에 화가 난다는 어른들도 많다. 그들은 "부모님이 나를 사랑한다면 이런 식으로 대하지는 않을 거야."라는 결론을 내린다.

자기의 제1의 사랑의 언어와 그 밖의 모든 사랑의 언어로 무조건적인 사랑을 받은 자녀들이라고 해서 전혀 화를 내지 않는 것은 아니다. 우리 모두는 불완전한 사회에 살기 때문에 그들도 얼마든지 화낼 수 있다. 또한 자녀들의 분노를 풀어주기 위해 그들의 생각에 무조건 동의해야 한다는 것도 아니다. 하지만 그들의 생각에 귀를 기울이면서 그들의 관심사를 이해해야 한다. 그래야 그들이 정말 잘못되었는지, 아니면 오해하고 있는지를 판단할 수 있다.

당신이 그들에게 사과해야 할 때도 있다. 그들이 가장 좋아하는 관심사에 대한 당신의 결정을 설명해줄 필요도 있다. 비록 그들이 당신의 결정을 좋아하지 않더라도 시간을 내서 그들의 이야기에 충분히 귀를 기울이고 불만 사항을 이해해준다면 그들도 당신을 존경할 것이다.

화내는 자녀들을 성숙한 방법으로 훈련시키는 일은 부모의 역할 중 가장 힘든 부분이다. 하지만 그 일에 대한 보상은 굉장히 크다. 자녀의 사랑의 언어를 표현하여 그의 사랑의 탱크가 늘 가득 차게 하라. 그러면 자녀가 분노의 감정을 잘 처리할 뿐 아니라 다른 사람에게도 도움을 주는 사랑스럽고 책임감 강한 어른으로 성장하게 될 것이다.

THE FIVE LOVE
LANGUAGES OF CHILDREN

11
한부모 가정에서 사랑의 언어 표현하기

자녀의 사랑의 탱크를 채우는 일이 때로 힘에 겨울 수 있다. 당신이 몹시 지쳐 있는데 자녀가 사랑을 요구한다. 그리고 당신 자신도 사랑이 필요하다. 하지만 적어도 당신에게는 당신을 도와줄 배우자가 있지 않은가. 아니면 당신이 배우자를 도와줄 수 있지 않은가.

수백만의 한부모 가정에서는 이런 일이 불가능하다. 부모 두 사람이 사랑의 탱크를 채워주는 대신 혼자서 이런 일을 한다. 이런 사랑은 부부가 주는 사랑이 아니라 상처받고 외롭고 억압받는 어머니나 아버지로부터 나오는 사랑이다. 즉 어른들의 충분한 양육이 없는 것이다.

그럼에도 불구하고 당신은 자녀의 사랑의 언어를 계속 표현하며 그의 사랑의 탱크를 채워주어야 한다. 자녀들이 부모와 같이 살든, 아니면 한부모 밑에서 살든 앞장에서 말한 내용들은 모두 사실이다. 한부모 가정에는 많은 문제들이 있다. 그렇다고 그런 가정에서 5가지 사랑의 언어의 위력이 아무 효력을 발휘하지 못하는 것은 아니다. 너무도 많은 자녀가 한부모와 살기 때문에 그들에게 표현하는 사랑의 언어를 포함해서 몇 가지 특별한 것을 언급해야겠다고 생각했다.

한부모 가정이라고 모두 같지 않다. 어떤 가정은 부모의 이혼으로 한부모 가정이 되었고 또 어떤 가정은 배우자의 죽음으로 그렇게 되었다. 또 정식으로 결혼을 하지 않은 경우도 있다.

이혼으로 한부모 밑에서 사는 자녀들 중에는 같이 살지 않는 부모와 계속해서 좋은 관계를 유지하는 경우도 있지만 그 관계가 매우 부정적이거나 전혀 없는 경우도 있다. 한부모 가정의 자녀들은 친척들 가까이 살면서 할머니, 할아버지, 고모, 이모, 삼촌, 사촌들과 친밀하게 지내며 즐겁게 살 수 있다. 하지만 대부분의 경우 친척들과 멀리 떨어져 살면서 스스로 삶을 꾸려나간다.

처지가 어떻든 간에 혼자 자녀를 키우고 있다면 특별히 자녀들의 제1의 사랑의 언어를 표현해줌으로써 사랑을 효과적으로 전달할 수 있다.

가정에서의 긴장과 혼동

한부모는 직업과 개인 생활을 유지하는 동시에 자녀들의 욕구를 충족시키다보니 가정에 늘 긴장감이 감돈다. 만일 당신이 이런 상황에 있다면 당신과 자녀들이 겪는 시간적 압박, 경제적 필요, 사회적, 혹은 개인적 변화들을 잘 알고 있을 것이다. 부모 노릇을 제대로 할 수 있을지 의심이 들기도 한다. 자녀들 앞에 펼쳐져 있는 유혹들에 대해 주변에서 전문가인 양 비판하는 소리도 들린다. 때로는 혼자 모든 일을 해결해야 되기 때문에 고독하고 기진맥진해진다.

지난 수년 동안 한부모 밑에서 자라는 아이들을 많이 보았다. 그들 중에는 나머지 부모도 너무 빨리 잃는 경우가 종종 있다. 지난 10년 동안 일어난 가장 극적인 변화는 바로 높은 이혼율일 것이다. 이혼으로 부모를 잃는 자녀들은 가장 심각한 정신적 충격을 받는다. 이때 그들이 받는 충격은 부모의 죽음으로 받는 것보다 클 수도 있다.

부모 가운데 한쪽을 죽음으로 잃을 때 자녀는 다른 선택이 없음을 안다. 보통 병을 앓다가 죽기 때문에 자녀가 죽음을 이해하는 데에도 도움을 준다. 그러나 이혼은 한쪽이나 양쪽 부모가 선택한 결과다. 이 '선택'이 불가피한 것으로 여겨질 때조차 그것이 선택이라는 사실은 분명하다. 사별한 부모는 자녀의 추억을 혼자서 잘 돌봐주어야 하겠지만 이미 가버린 부모가 그에게 준 유익이나 해로운 영향에 대해서는 어쩔 도리가 없다. 그러나 이혼한 부모는 자녀와 함께 살지 않는 부모와 관계를 가지면서 자녀에 대한 많은 문제를 매년 결정해 나가야 한다.

많은 경우, 이혼한 부모들은 주변의 가족이나 교회에서 무성한 소문에 시달린다. 그들의 이혼에 반감을 표시하는 사람들도 있다. 그래서 이미 이혼한 경험이 있는 부모들은 그 누구보다 이혼하는 것을 말린다.

우리 사회에서 이혼보다 더 악한 영향을 끼치는 것은 없는 것 같다. 이혼으로 인해 매년 증가하는 한부모 가정은 이 책에서 다루기에 역부족인 수많은 사회 문제들을 만들어 낸다. 지금 우리의 관심은 이런 상황에 어떻게 대처하느냐다. 아무런 선택의 여지도 없고 변화시킬 수도 없는 환경에 처한 자녀들을 어떻게 도울 수 있을까? 우리의 관심은 가정을 손상되지 않은 모습으로 지키면서 행복하고 책임감 있는 자녀들로 양육하기 위해 열심히 일하고 있는 수백만의 한부모들이다.

이런 가정의 자녀들의 욕구도 손상되지 않은 가정의 자녀들의 욕구와 똑같다. 차이가 있다면 이러한 욕구를 충족시켜주는 방법이다. 즉 양쪽 부모 대신 한쪽 부모가 일차적인 사랑의 수여자가 된다.

이혼에 의해서든, 사망에 의해서든, 혹은 미혼모이기 때문이든 혼자 자녀를 돌보는 부모는 이미 상처를 받은 사람이다. 상처받은 부모들은 자녀들의 상처를 치유하려고 노력하는 동시에 자녀들에게 생활이 극히 정상적이라는 것을 확신시키려고 애쓴다. 이런 가정의 자녀들은 일반적으로 성장하면서 겪는 평범한 도전에만 대처해야 하는 것이 아니라 엄밀히 말해 그들의 짐이 아닌 또 다른 근심거리를 짊어지고 있다.

전이 가정 연구소의 설립자이자 현 소장인 주디스 월러스타인은 자녀들에게 미치는 이혼의 영향에 대해 아주 상세하게 연구했다. 그녀는 자신의 책 『제2의 기회:이혼 후 10년 – 남자, 여자, 아이들』[9]에서 말하기를, 연구를 시작할 때는 이혼 후 고통의 순간은 잠깐이며 점차 행복해져서 다른 사람들과도 원만한 관계를 유지할 거라는 많은 사람의 생각에 동의했으나 몇 년간 연구한 후에는 그것이 사실이 아님을 알게 되었다고 한다. 여러 면에

---

[9] Judith Wallerstein and Sandra Blakeslee, Second Chances : Men, *Women, and Children a Decade After Divorce* (New York : Ticknor & Fields, 1990.)

서 자녀들은 이혼이 가져오는 고통을 결코 극복할 수 없다는 것이다.

월러스타인, 그리고 샌드라 블레이크슬리와 연구를 같이한 사람들이 인터뷰한 대부분의 자녀들은 스스로를 '이혼한 가정의 자녀'라는 특별한 범주로 분류했다. 그들에게서 공통적으로 나타나는 현상은 두려움과 분노와 불안의 감정이었다. 부모들이 이혼한 지 10년이 되어도 이런 감정은 곧잘 표면에 나타났다.

자녀가 깊은 슬픔을 극복하도록 도와주기

이런 감정은 자녀들의 사랑의 탱크에서 사랑이 쉽게 빠져나가게 한다. 자녀의 제1의 사랑의 언어로 사랑의 탱크를 다시 채워주기 위해서는 더 많은 사랑이 필요하다. 부정, 분노, 중재, 더 심한 분노와 같은 감정들은 깊은 슬픔을 경험하는 사람들에게 일반적으로 나타나는 현상이며 이는 부모의 이혼이나 죽음을 경험한 자녀들에게서 볼 수 있다. 이런 자녀들은 한쪽 부모를 잃었다는 상실감을 어느 수준까지는 점차 받아들일 것이다. 어떤 자녀들은 이런 상실감을 마음놓고 털어놓을 수 있는 주변의 훌륭한 어른들과의 대화로 슬픔에서 좀 더 빨리 벗어날 수도 있다. 그들에게는 함께 대화하고 울어줄 상대가 필요하다. 가족 가운데 이런 역할을 해줄 수 있는 사람이 없다면 동정심이 많은 목회자나 친구나 상담가들이 해줄 수 있다.

다음의 각 반응을 살펴보고, 부모와 다른 어른들이 어떻게 도울 수 있는지 생각해보자. 슬픔을 극복할 수 있도록 도와주기 위해서는 이런 방법과 병행하여 자녀의 제1의 사랑의 언어를 표현하는 것이 중요하다.

부정

전형적인 첫 번째 반응은 부정이다. 부모들이 헤어지거나 한쪽 부모의 죽음을 믿고 싶은 자녀들은 아무도 없다. 자녀는 마치 부모가 한동안 멀리 가 있거나 여행 중이라는 생각에 곧 돌아올 것처럼 말한다. 이런 단계에 있는 자녀는 너무 놀라서 깊은 슬픔과 상실감을 느낀다. 부모의 결합을 간절히 갈망하면서 종종 울기도 한다. 부모가 이혼한 경우에는 자신들이 거부당한다는 느낌을 받을 수도 있다.

분노

분노는 부정하는 단계와 함께 오거나 그 후에 온다. 자녀는 '부모는 자녀들을 돌보아야 하며 버려서는 안 된다.'는 규칙을 어긴 부모에게 화를 낸다. 이런 분노의 감정은 말로 자유롭게 표현되기도 하지만 부모들을 화나게 할까봐, 혹은 벌을 받을까봐 내면으로 삭이는 경우도 있다. 드러내 놓고 화를 내는 자녀는 폭언을 퍼붓기도 하고, 심지어 파괴적인 행동도 한다. 자기에게 일어나는 일에 대해 할 말을 잃은 자녀는 스스로 무력감을 느낀다. 또한 외로움을 많이 타며 어느 누구와도 이야기하려 하지 않는다.

이런 자녀의 분노는 자기와 함께 있는 부모, 자기를 떠난 부모, 혹은 부모 모두에게로 향할 수 있다. 부모가 죽은 경우에는 이 분노가 하나님을 향한다. 이런 자녀는 자신이 사랑받는다는 것을 느끼고 누군가가 자기를 돌봐준다는 것을 알아야 한다. 이미 떠난 부모로부터는 사랑을 받을 수 없다. 그리고 지금 그를 키우는 부모에게서 의미 있는 사랑을 받을 수도 있고, 받지 못할 수도 있다. 지금 함께 살고 있는 부모에게 이혼의 책임이 있다고 믿는 자녀는 그 부모에게 자유롭게 감정을 표현하지 않을 것이다. 그러므로 이런 아이의 사랑의 욕구를 충족시켜 주기 위해서는 조부모나 그 밖의 다른 가족, 선생님, 종교 지도자들이 아이를 다정하게 대해 주어야 한다. 만일 이들의 제1의 사랑의 언어를 파악하여 감정적인 욕구를 충족시키려고 노력한다면 매우 큰 효과가 나타날 것이다.

로비의 사랑의 언어는 스킨십이다. 그가 아홉 살 때 아버지가 그들을 버리고 떠났다. 로비는 그때를 이렇게 회상했다. "만일 그때 할아버지가 계시지 않았다면 지금의 저는 없을 거예요. 아빠가 집을 나가시고 할아버지를 처음 만났을 때, 할아버지는 저를 꼭 안으신 채 오랫동안 계셨어요. 아무 말씀도 없었지만 저를 사랑하신다는 것을 알았어요. 또 제가 필요한 곳에는 언제나 계셨죠. 저를 보러 오실 때든 떠나실 때든 언제나 꼭 안아주셨어요. 이것이 얼마나 중요했는지 할아버지는 모르시겠지만 제게는 사막에 내리는 비 같았어요. 엄마는 제게 말을 걸고 질문을 하면서 도우려고 하셨어요. 또 제 고통을 나누고 싶다고 격려도 해주셨어요. 그러나 저는 엄마의 사랑을 받아들이지 않았어요. 안아주시는 엄마를 밀쳐버리곤 했어요. 아빠가 집을 나간 것은 엄마 때문이라고 생각해서 엄마를 원망했어요. 그런데 아빠가 나중에 또 다른 여자를 버렸다는 사실을 알고 엄마를 얼마나 오해했었는지 알게 되었어요. 그때부터 저는 엄마가 안아주실 때 밀치지 않았고 우리는 아주 친밀해졌어요."

중재

부정과 분노의 감정 뒤에는 부모 사이를 중재하려는 노력이 뒤따른다.

부모들이 별거할 때 자녀들은 함께 살기 위해 온갖 노력을 다한다. 이들은 부모를 따로, 혹은 함께 만나 이야기하며 양쪽 부모에게 문제를 잘 수습하고 함께 살자고 애원하기도 한다. 말로 중재하는 것이 별 효과가 없으면 자녀들은 부모의 관심을 끌기 위해 과격한 방식으로 비행을 저질러 무의식적으로 그들을 조종한다. 자기의 안녕을 위해 부모가 정말 노력하는지 시험하기도 한다. 자녀의 반응이 마약, 도둑질, 공공 시설 파괴, 난잡한 성관계, 심지어 자살로 나타나기도 한다.

더 심한 분노

중재를 시도한 후에는 더 심한 분노가 이어진다. 부모들이 이혼한 자녀들의 마음속에는 분노의 감정이 깊게 자리잡고 있으며 이것은 오래 지속된다. 부모들의 이혼 후 최소 1년 동안 죄책감, 분노, 공포, 불안정 등에 시달리다보니 아이들은 성적이 떨어지고, 더 공격적이며 부정적인 행동을 하고, 어른에 대한 존경심도 없어지고, 늘 혼자 지내게 된다. 이런 고통스러운 환경에서도 한부모는 자녀들의 욕구를 충족시키면서 정상적인 가정의 모습을 갖추려고 노력해야 한다. 물론 이 모든 일이 쉬운 것은 아니다.

독서와 대화로 도와주기

상실과 슬픔에 따르는 또 다른 문제는 자녀들이 부정적인 감정에 사로잡혀 명확하게 생각하는 데 어려움을 겪는 것이다. 당신이 만일 한부모라면 자녀들과 함께 책을 읽으며 그들의 고통과 상실에 대해 명확하게 생각하도록 도와줄 수 있다. 십대 초반까지는 자녀에게 맞는 이야기, 노래, 시 등을 선택할 수 있다. 이는 아주 따뜻하고 연대감을 느끼는 시간이 될 것이다.

『피노키오』나 비트릭스 포터의 글처럼 재미있는 이야기들은 윤리적이고도 도덕적인 교훈을 많이 담고 있다. 이런 좋은 책을 선별하는 데 도움을 주는 책도 많다. 글래디 헌트의 『자녀의 마음을 위한 양식』(*Honey for a Child's Heart*), 윌리엄 킬패트릭의 『인격을 형성시키는 글』(*Books That Build Character*), 윌리엄 베넷의 『미덕의 책』(*The Book of Virtues*)과 같은 책들이 도움이 될 것이다.

책을 읽어줄 때 자녀가 나타내는 반응을 주시하라. 자녀의 생각을 물어보고 토론할 수 있는 기회를 가져라. 잃어버린 아이나 동물에 관한 이야기를 읽을 때 자녀가 관심을 나타내면 칭찬할 수 있는 좋은 기회로 삼아라. 무언가 잃어버렸을 때의 느낌이나 매우 소중히 여기는 사람을 잃었을 때의 감정이 어떨지에 대해 이야기할 수도 있다.

이런 가르침은 매우 중요하다. 왜냐하면 자녀들이 자신과 다른 사람들을 비난하거나 비평할 때 어떻게 해야 하는지를 알려주기 때문이다. 모든 자녀는 비난에 익숙하다. 그래서 종종 "이건 공평치 않아. 그 애가 먼저 했잖아."라고 이야기한다. 분노의 감정은 그들의 사고에 혼동을 가져와 화날 때 다른 사람을 비난하는 것이 정당하다고 믿기도 한다. 그러므로 그들이 침착해졌을 때 다른 자녀들에 대해서뿐 아니라 가정에서 일어난 일들에 대해 다른 측면에서 설명해주어야 한다. 그러면서 다른 사람들의 관점도 존중해야 함을 가르칠 수 있다. 그렇다고 당신과 자녀들이 다른 사람들의 의견에 무조건 동의해야 한다는 뜻은 아니다. 특히 부모가 자기를 버렸다고 느끼는 상실감은 자연적인 것이므로 그것에 대해 죄책감을 느끼게 하면 안 된다.

당신이 함께 책을 읽으면서 할 수 있는 또 다른 일은 그날 자녀에게 무슨 일이 일어났는지 물어보는 것이고 또 이야기들을 만들어내는 것이다. 이렇게 하면 구체적으로 표현할 수 없는 수준이라도, 자녀의 내면의 변화를 이해하는 데 도움이 될 것이다.

도움의 손길 모색하기

혼자 키우면서 자녀들의 모든 사랑의 욕구를 충족시켜 줄 수 있는 부모는 아무도 없다. 앞에서 말했듯이 어떤 아이들은 어느 쪽 부모의 사랑도 받아들이려고 하지 않는다. 그들이 받은 상처와 분노가 너무 크기 때문이다. 바로 이런 점에서 조부모와 다른 가족의 도움이 필요하며 교회와 공동체의 역할도 중요하다.

당신이 만일 혼자 자녀를 키우고 있다면 다른 사람들이 도와줄 때까지 기다리지 마라. 당신의 가정을 방해하고 싶지 않아서 먼저 나서지 않는 사람들도 있다. 당신의 형편을 잘 모르는 사람들도 있다. 당신과 자녀가 도움을 받고 싶다면 당신이 속한 공동체에서 도움을 받을 수 있는지 알아보아야 한다. 자녀가 다니는 학교나 교회의 안내를 받을 수도 있다.

친척들은 항상 중요하지만 자녀들이 상실의 아픔을 겪을 때는 더욱 그렇다. 예를 들어, 가까운 곳에 사는 조부모들은 자녀들의 학교 생활에 많은 도움을 줄 수 있다. 그들이 함께 있는 것만으로도 한부모인 당신의 아들과 딸을 기쁘게 해줄 수 있다. 그들이 당신 집으로 와서 자녀들이 등교하는 것을 도와줄 수도 있다. 자녀들을 학교 수업 중간에 데려와야 할 때도 그들이 해결해 줄 수 있다. 또 방과 후 병원에 간다거나 운동, 음악 레슨 등을 하러 갈 때도 도와줄 수 있다.

한부모 가정을 기꺼이 돕고 싶어하는 사람들이 많다. 그들은 유용하게 쓰임받기 바라고, 당신은 도움이 필요한 사람이다. 단 하나의 문제는 이 두 사람 간의 필요가 서로 조화를 이루는 일이다. 교회가 이런 일을 잘 해줄 수 있다. 어떤 교회는 이런 일을 위해 방송이라는 매체를 이용하기도 한다. 당신의 필요를 알리기 쑥스럽다면 이는 당신 자신뿐 아니라 자녀의 안녕을 위한 일임을 기억하기 바란다.

한부모 가정에서의 사랑의 언어

자녀의 정서적인 사랑의 욕구를 채워주는 일은 부모의 이혼 후에도 이혼 전만큼이나 중요하다. 차이점은 단지 자녀의 사랑의 탱크가 이혼의 심한 충격으로 파열되었다는 것이다. 이미 지적했듯이 이 사랑의 탱크는 오랫동안 애정을 갖고 자녀들의 말에 귀를 기울이면서 감정의 변화 과정을 주시하면서 회복되어야 한다. 자녀가 진실로 사랑받고 있음을 다시 믿게 될지라도 슬픔을 겪은 자녀는 잘 양육되어야 한다. 사랑의 탱크를 보수하는 과정도 그 자체가 사랑의 표현이다. 구체적으로 자녀들 말에 귀를 기울이고, 잔소리를 덜 하고, 그들이 현실을 직시할 수 있게 도와주고, 마음의 상처를 알아주고, 아픔에 공감하는 것 등이다.

물론 자녀의 사랑의 탱크를 다시 채우는 제일 좋은 방법은 그의 제1의 사랑의 언어를 표현해주는 것이다. 이혼이나 죽음으로 부모들과 떨어진다고 해서 자녀들의 제1의 사랑의 언어가 바뀌는 것이 아니다. 그러므로 자녀의 사랑의 언어를 배워라. 그리고 자녀들의 생활에 중요한 영향을 끼치는 어른들에게 아이의 제1의 사랑의 언어를 알려 주어라. 그러지 않으면 자녀를 돌보는 사람은 자녀의 사랑의 언어가 아닌 자기의 사랑의 언어를 당신 자녀에게 표현할 것이다. 물론 그들의 사랑이 도움이 될 수 있지만 그들이 자녀의 제1의 사랑의 언어를 이해한다면 그 효과가 더 커질 것이다.

이혼 후 처음 몇 주간은 양쪽 부모로부터 자녀들이 사랑을 받을 수 없기 때문에 이때는 주변의 어른이 자녀에게 사랑을 줄 수 있는 유일한 사람이 된다. 만일 당신 자녀가 인정하는 말을 통해 사랑을 가장 많이 느낀다면 당신의 사랑의 표현은 거절해도 할머니, 할아버지, 혹은 다른 어른들의 사랑의 말은 잘 들을 것이다. 제1의 사랑의 언어가 선물인 자녀는 최근에 이혼한 부모의 면전에 받은 선물을 던져버릴 수도 있다. 이런 행동에 화를 내면 안 된다. 이런 행동은 자녀가 슬픔을 해소하는 하나의 과정이다. 일단 자녀가 이런 상황을 수용하는 단계에 들어서서 부모의 결혼 생활을 되돌릴 수 없음을 알고, 한부모 가정에서의 생활에 익숙해지면 양쪽 부모의 감정적인 사랑을 받아들일 수 있게 된다.

자녀들은 필요할 때 자기에게 맞는 사랑을 받으면 가족 간에 이별의 아픔을 겪으면서도 원래 모습으로 회복되어 만족스러운 성인 생활을 누릴 수 있도록 성장한다. 이런 좋은 예는 국제 기독교 캠핑회의 실무 책임자인 보브 코브레부쉬에게서 볼 수 있다. 보브의 아버지는 성공한 사업가였으며 어머니는 평범한 가정 주부였다. 보브가 어렸을 때 아버지는 사업을 포기하고 사교 집단에 가입하여 다섯 명의 아들을 데리고 여러 번 이사를 했다. 그리고 보브가 아홉 살 때 부모가 이혼했다.

그때쯤 보브와 동생들은 기독교의 영향을 받고 그리스도를 그들의 구세주로 받아들였다. 별다르게 의지할 곳이 없었기 때문에 어머니는 먹고 살 수 있는 직업을 갖기까지 정부의 보조를 받아야 했다. 그 후 어머니는 학업을 마치고 선생님이 되었다.

보브와 형제들은 모두 행복한 결혼 생활을 하고 있으며 교육도 잘 받았고 생산적인 활동을 하고 있다. 보브는 이렇게 말했다. "어머니는 언제나 긍정적이어서 한 번도 부정적인 말씀을 하시지 않았어요. 우리 가정은 매우 정상적으로 보였어요. 저는 우리 가정이 정상적인 가정이 아니라는 사실을 몰랐습니다. 신앙심이 돈독한 어머니와 기독교인의 실제적인 삶을 보여 준 친지들이 없었다면 우리가 이토록 잘 자랄 수 있었을지 모르겠어요. 이런 환경을 주신 하나님과 어머니께 정말 감사드립니다."

웨스트코스트 신학교 심리학 교수인 아처볼드 하트는 한부모 가정에서 강하게 자랄 수 있었던 것은 가족과 하나님의 힘이었다고 말한다. 남아프리카 태생의 하트 씨 가정은 몇 년간 갈등을 겪은 후 깨졌다. 아처볼드의 어머니는 이혼 후 더 행복해 보였지만 경제 사정이 악화되어 아처볼드와 그 형제들을 조부모 댁으로 보내지 않을 수 없었다. 조부님들로부터 그들은 "너희들이 할 수 없는 일은 아무것도 없다."라는 말씀으로 동기 유발을 받는 등 기독교의 강한 영향을 받았다.

하트 씨는 한부모들에게 이렇게 충고한다. "변화시킬 수 없는 것은 아무것도 없습니다. 당신의 지지 세력이 없다면 만드십시오. 이에 대한 많은 사람들의 반응을 보면 깜짝 놀랄 것입니다. 자녀들은 환경이 적절하기만 하면 더 쾌활해지고, 더 생산적이며 창의적으로 될 수 있습니다. 너무 쉽게 얻은 인생은 영혼에 좋지 않습니다." [10]

계속 희망을 가지고 자녀들을 위하여 당신의 꿈을 버리지 않기 바란다. 지금은 모든 것이 힘들어 보여도 또 다른 내일과 또 다른 해가 있다. 당신과 자녀가 상실감에서 벗어나려고 노력한다면, 삶의 모든 분야에서 성장하고 있다면, 그러한 성장은 계속될 것이다. 이런 과정은 하나의 패턴을 이루게 되고 쉽게 잊혀지지 않을 하나의 습관이 된다.

당신의 사랑의 욕구 충족시키기

주로 이혼한 가정의 자녀들에 대해 이야기했는데, 자녀들의 욕구를 충족시켜주는 한부모 역시 욕구가 있는 피조물임을 알아야 한다. 자녀가 죄책감, 공포, 분노, 불안감 등을 느끼는 동안 한부모 혹은 양쪽 부모 역시 이런 비슷한 감정들로 인해 고통을 받는다. 남편에게 버림받은 어머니는 새로운 남성에 관심이 많다. 육체적으로 학대받던 어머니는 남편과 헤어진 후 거부당한 감정과 외로움에 시달린다. 한부모의 사랑의 욕구도 다른 사람들과 다를 바 없다. 이런 욕구가 전처, 전남편, 자녀에 의해 충족될 수 없기 때문에 한부모는 친구를 찾기도 한다. 이는 부모 자신의 사랑의 탱크를 채우는 데 매우 효과적이다.

---

[10] Lynda Hunter, "Wings to Soar," *Single Parent Family*, May 1996, 7.

새로운 친구를 만들 때 주의할 사항이 있다. 이때 한부모는 심적으로 약한 시기이므로 이성으로부터 유혹받기 쉽다. 한부모는 사랑이 절대적으로 필요하므로 성적, 경제적, 감정적으로 그들을 이용하려고 접근하는 사람을 받아들이는 위험도 불사할 수 있다. 그러므로 홀로 된 부모는 새로운 친구를 사귀는 데 신중해야 한다. 가장 안전한 경우는 친지 중 오랫동안 사귀어 잘 아는 사람을 통하는 것이다. 책임감 없이 사랑의 욕구만 충족시키려는 한부모의 사랑은 비극에 이은 또 다른 비극으로 막을 내릴 것이다.

당신은 자녀라는 놀라운 사랑의 원천을 가지고 있다. 좀 깊이 생각해보면 그들은 당신을 사랑하고 당신의 사랑이 필요하다. 심리학자인 쉐릴과 프루던스 티핀스 부부는 "당신이 자녀에게 줄 수 있는 가장 좋은 선물은 바로 당신 자신의 감정적, 육체적, 영적, 지적 건강함이다."[11] 라고 말한다. 받아들이기 힘들겠지만 당신은 수년 동안 한부모로 살아갈 수도 있다. 이 기간이 짧든 길든, 당신은 인생 여정에서 자녀들이 책임감 있는 어른으로 성장하는 데 성실과 책임감의 모델로 보여지기를 원할 것이다.

---

11) Sherill and Prudence Tippins, *Two of Us Make a World* (New York: Henry Holt, 1995), 56.

THE FIVE LOVE
LANGUAGES OF CHILDREN

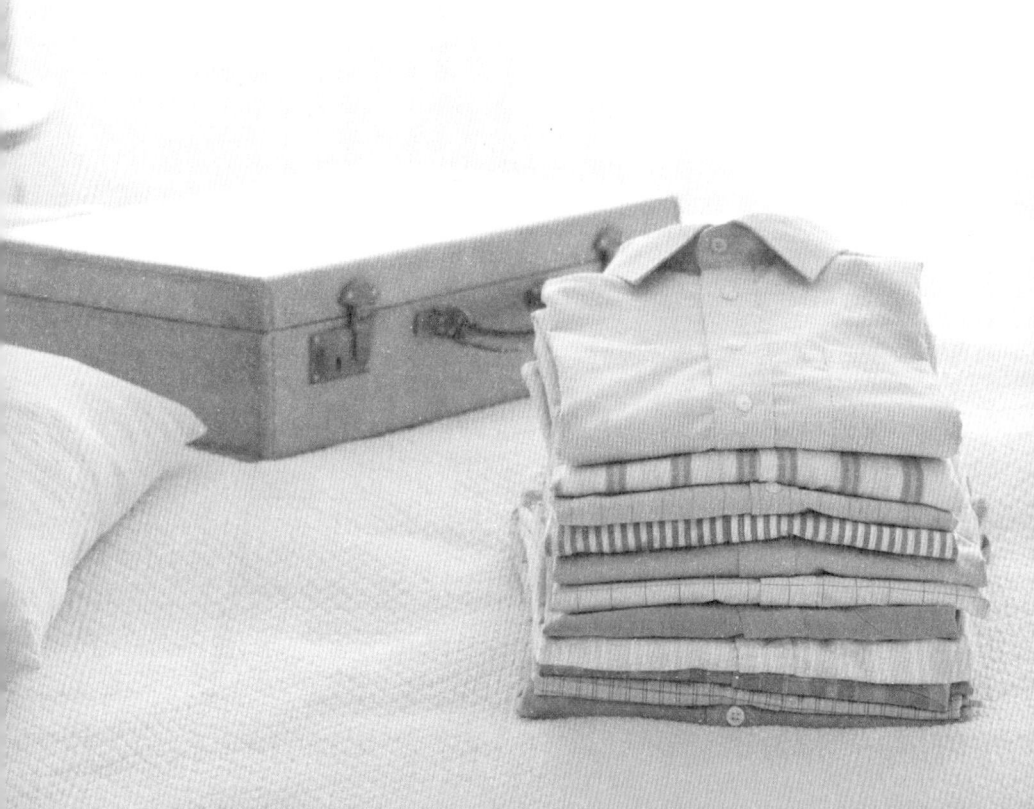

12
결혼 생활에서 사랑의 언어 표현하기

누군가 "자녀를 사랑하는 가장 좋은 방법은 자녀들의 어머니(아버지)를 사랑하는 것이다."라고 말했다. 사실이다.

결혼 생활은 자녀들을 대하는 태도와 그들이 사랑받는 방법에 많은 영향을 미친다. 당신의 결혼 생활이 건강하다면, 즉 부부가 서로 친절하고, 존경하고, 성실하게 대한다면 당신과 배우자는 자녀 양육에 있어 협력자라는 느낌을 갖고 행할 것이다.

만일 부부가 서로 비판하면서 거칠고 불쾌하게 대하면 자녀를 양육하는 데 조화를 이룰 수 없을 것이다. 그리고 자녀들의 감정은 너무 예민하여 그런 분위기를 잘 감지할 것이다.

행복하고 건강한 결혼 생활에 가장 필요한 감정 요소는 바로 사랑이다. 당신 자녀가 감정적인 사랑의 탱크를 가지고 있듯이 당신도 역시 그렇다.

물론 당신 배우자도 사랑의 탱크를 가지고 있다. 우리 모두는 배우자로부터 깊은 사랑을 받고 싶어한다. 그렇게 사랑을 받으면 세상이 밝게 보일 것이다. 하지만 사랑의 탱크가 텅 비면 '배우자가 날 사랑하지 않아.'라고 생각하며 괴로워하게 되고 세상이 어둡게 보이기 시작한다. 즉 결혼 생활의 탈선과 비행은 텅 빈 사랑의 탱크에서 비롯된다.

자녀가 사랑받는다고 느끼게 하려면, 그리고 그런 감정을 강화시키려면 배우자의 제1의 사랑의 언어도 표현해주어야 한다.

이제 이 책은 어른들의 사랑의 언어에 대해 언급하는 것으로 결론을 내린다. 당신이 아내든 남편이든, 5가지 사랑의 언어 가운데 한 가지가 다른 네 가지보다 더 깊게 사랑의 감정을 전달한다는 것을 깨닫게 될 것이다. 배우자가 당신의 제1의 사랑의 언어를 표현해줄 때 당신은 정말로 사랑받는다고 느끼게 된다. 당신은 모든 사랑의 언어를 좋아할 수 있지만 특히 한 가지를 더 좋아할 것이다.

자녀들의 사랑의 언어가 각기 다르듯 어른들도 마찬가지다. 제1의 사랑의 언어가 똑같은 부부는 거의 없다. 배우자가 당신의 언어나 부모로부터 배운 언어를 표현해줄 것이라고 추측하면 안 된다. 이는 우리가 일반적으로 범하는 두 가지 실수다.

아버지가 아들에게 "여자들에게는 늘 꽃을 사다주어라. 여자들은 꽃을 가장 좋아한단다."라고 말할 수 있다. 그래서 당신은 아내에게 꽃을 사다 주었는데 아내는 별로 좋아하는 것 같지 않다. 문제는 당신의 신실성이 아니라 그녀의 제1의 사랑의 언어를 표현해주지 않은 것이다. 그녀는 꽃을 준 것에 고마워하지만 그보다는 다른 사랑의 언어가 더 많은 사랑을 줄 수 있다.

부부가 서로의 사랑의 언어를 표현해주지 않으면 그들의 사랑의 탱크는 채워지지 않는다. 그리고 '사랑에 빠진' 감정 상태에서 벗어나면 서로의 차이점이 더 커 보이고 서로에 대한 실망도 더 심화된다.

그들은 전에 경험했던 따뜻한 감정들을 회상하면서 '사랑에 빠진' 감정을 상기시켜 다시 행복해지려고 한다. 하지만 가정 생활은 매일 반복되는 지루하고 따분한 것이기 때문에 그들은 배우자에게 어떻게 해야 할지 잘 모른다.

'사랑에 빠지는' 것인가, 아니면 사랑하는 것인가

많은 사람이 '사랑에 빠지는' 경험을 통해 결혼한다. 이때 사람들은 상대가 완전하다고 생각한다. 그들은 상대방의 단점에 눈이 멀고, 자기들의 사랑은 유일무이한 것이라 확신하며, 누군가를 깊이 사랑하는 것이 처음 맛보는 경험이라고 생각한다. 물론 그들의 눈이 밝아져 현실로 돌아오면 서로의 모습을 있는 그대로 보게 된다. 그렇게 '사랑에 빠졌던' 굉장한 경험은 곧 '사랑이 없어진' 상태로 막을 내린다.

사람들은 대부분 사랑에 빠진다. 일생에 몇 번 경험하는 사람들도 있다. 그리고 그런 감정들을 회상하면서 사랑이 절정에 달했을 때 어리석은 일을 하지 않은 것에 대해 감사한다.

그러나 오늘날 너무 많은 사람들이 그런 기분에 사로잡힌 채 행동하다가 가족에게 큰 해를 입힌다. 결혼 생활에서의 불륜은 바로 데이트할 때나 신혼 초의 야릇한 감정을 추구하면서 시작된다. 하지만 감정이 좀 식었다고 해서 사랑이 사라진 것이 아니다.

　사랑과 '사랑에 빠진' 것에는 차이가 있다. '사랑에 빠진' 경험은 논리적 근거가 거의 없는 일시적이고 원초적인 감정의 반응이다. 진정한 사랑은 이와 달리 상대방의 필요를 먼저 생각하고 성장하고 발전하기를 바란다. 부부가 서로 의지적으로 사랑하게 되면 배우자의 사랑에 행복해진다. 또한 상대방을 사랑하고 행복하게 해주려는 노력으로 배우자가 유익을 얻게 된다는 사실에 감격한다.

　이렇게 사랑하려면 희생과 많은 노력이 필요하다. 대부분의 부부는 이런 '사랑에 빠진' 들뜬 감정이 사라질 때 아직도 배우자가 자기를 사랑하는지 의심한다. 바로 그때 모든 것을 개의치 않고 배우자를 소중히 여겨 부부 관계를 유지할 것인지, 아니면 그들의 결혼 생활을 청산할 것인지가 결정된다.

　당신은 '하지만 이건 너무 삭막해. 사랑은 표현되어야 하잖아?'라고 생각할 수 있다. 『5가지 사랑의 언어』에서 이미 언급했듯이 불같이 일어나는 열정을 정말로 좋아하며 이를 갈망하는 부부들도 있다.

　짜릿하고 신나는 깊은 감정들은 어디로 갔단 말인가? 설레며 기다리고 눈으로 사랑을 속삭이고 감전된 듯 키스하고 황홀하게 함께했던 모든 것은 도대체 어떻게 된 것일까? 내가 상대방의 제일 중요한 사람이라고 알고 느꼈던 안정감은 어떻게 된 것일까?

　물론 이런 말이 틀린 것은 아니다. 이런 감정은 때때로 우리의 관계를 더 밀접하게 만들어준다. 하지만 이런 것을 기대하지는 말아야 한다. 우리는 우리의 사랑의 탱크를 채워줄 배우자가 필요하다. 우리가 이해하는 사랑의 언어를 그가 안다면 그는 우리에게 그것을 표현해줄 것이다.

칼라는 이런 사실을 잘 몰랐기 때문에 결혼 생활이 순조롭지 못했다. 그녀는 어느 날 여동생에게 말했다.

"릭은 이제 나를 사랑하지 않아. 우리 관계는 텅 비었어. 그래서 난 너무 외로워. 릭의 마음속에서는 늘 내가 가장 중요했는데, 지금은 직장, 골프, 미식 축구, 스카우트, 자기 부모, 차 등이 먼저야. 나는 맨 마지막인 것 같아. 내가 묵묵히 일하면서 자리를 지키는 것을 좋아하는 줄 알았는데 이제는 그걸 당연하게 여기는 것 같아. 지금도 내 생일이나 결혼 기념일 같은 특별한 날 좋은 선물을 챙겨주기는 해. 그런 날이면 꽃을 사서 보내기도 하지. 하지만 그런 선물들이 무슨 의미가 있겠어. 허울만 좋을 뿐이지. 릭은 나를 위해 단 한 번도 시간을 내준 적이 없어. 함께 어디에 간 적도 없고, 함께 무엇을 하거나 대화한 적도 거의 없어. 그래서 이 모든 것에 화가 나는 거야. 나랑 시간을 함께 보내자고 애원도 해보았지. 그러면 그는 내가 괜히 트집을 잡는다면서 좀 혼자 있게 해달라는 거야. 자기같이 좋은 직장을 가지고 있으면서 마약에도 손대지 않고, 마누라를 귀찮게 하지도 않는 사람이 어디 있냐며 오히려 고마워해야 한다는 거야. 하지만 나는 나와 함께 시간을 보내고, 나를 중요하게 생각하고, 나를 사랑한다면 행동으로 표현하는, 바로 그런 남편이 필요하단 말이야."

릭이 표현하지 못하는 칼라의 사랑의 언어는 무엇일까? 릭은 선물이라는 사랑의 언어를 표현하고 있다. 그러나 칼라는 함께하는 시간을 원한다. 처음에는 그녀도 선물을 사랑의 표현으로 받아들였다. 하지만 릭이 자기의 제1의 사랑의 언어를 무시하니까 사랑의 탱크가 바닥을 드러내고 그가 주는 선물이 아무런 의미가 없게 된 것이다.

칼라와 릭이 서로의 제1의 사랑의 언어를 알아 표현한다면, 따뜻한 사랑의 온기가 되살아날 수 있을 것이다. 그러나 이것은 '사랑에 빠진' 상태에서 볼 수 있는 무분별한 행복감이 아니라 그보다 더 중요한 것, 즉 배우자로부터 사랑받고 있다는 것을 깊이 느끼는 감정이다. 그들은 서로가 제일 중요한 사람임을 알게 될 것이다. 그래서 서로를 인격체로서 존경하고, 칭찬하며, 고마워하고, 가장 친밀한 동반자로서 함께 있고 싶어할 것이다.

이것은 바로 사람들이 꿈꾸는 이상적인 결혼 생활이지만 부부가 사랑의 토대 위에 서로의 사랑의 언어를 표현하면 현실화될 수 있다. 이렇게 되면 부모는 더 강해지고 하나의 팀워크를 이루어 자녀들에게 안정감과 더 많은 사랑을 주게 될 것이다. 각각의 사랑의 언어에서 이런 것들이 어떻게 표현될 수 있는지 살펴보자.

인정하는 말

다음은 마크의 말이다. "난 정말 열심히 일했고 사업에서도 성공했습니다. 내 생각에 나는 좋은 아빠고 좋은 남편인 것 같은데 아내의 칭찬을 받지 못합니다. 아내는 늘 흠을 잡아요. 내가 어떤 일을 얼마나 열심히 하는지는 안중에 없어요. 제인이 내게 무엇인가 요구하는 게 있는 것 같은데 도대체

그게 무엇인지 모르겠어요. 대부분의 여자들은 나 같은 남편을 정말 좋아할 거예요. 그런데 그녀는 왜 늘 불만스러워할까요?"

그는 "나의 사랑의 언어는 인정하는 말입니다. 나를 기쁘게 해줄 사람 누구 없나요?"라고 쓴 깃발을 정신없이 흔들고 있다.

그러나 제인은 마크와 마찬가지로 5가지 사랑의 언어에 대해 잘 모르고 있다. 이 장을 읽고 나서 배우자의 제1의 사랑의 언어에 대해 더 알고 싶고, 실행하고 싶으면 『5가지 사랑의 언어』를 읽기 바란다. 이는 부부나 약혼한 남녀를 위한 책이다. 그녀는 그가 흔들고 있는 깃발을 볼 수 없으며 왜 그가 사랑받는다는 것을 느끼지 못하는지 전혀 알지 못한다. 그녀도 나름대로 이유가 있다.

"나는 훌륭한 가정 주부예요. 아이들도 잘 돌보고 종일 집안 일을 하면서도 매력적으로 보이려고 노력해요. 그 이상 바랄 게 뭐가 있겠어요? 대부분의 남자들은 맛있는 식사와 깨끗한 집이 그를 기다리고 있으면 행복해할 거예요."

제인은 마크가 사랑받는다고 느끼지 못하는 것을 모르는 것 같다. 그녀는 단지 그가 주기적으로 폭발하고 잔소리하지 말라고 하는 것만 알 뿐이다.

누군가가 그에게 물어 보면, 그는 아마 좋은 음식을 즐기고 있으며 늘 집이 깨끗한 것에 대해 고마움을 느낀다고 말했을 것이다. 하지만 이 모든 것이 사랑에 대한 그의 감정적 욕구를 충족시켜 줄 수 없었다. 그의 제1의 사랑의 언어는 인정하는 말이므로 이런 말이 없다면 결단코 그의 사랑의 탱크는 채워지지 않을 것이다.

제1의 사랑의 언어가 인정하는 말인 배우자에게 말이나 글로 쓴 사랑의 표현들은 봄날 정원에 내리는 비와 같다.

"로버트, 당신이 이런 상황을 잘 처리하니 참 자랑스러워요."

"이것 참 맛있군. 당신은 세계에서 가장 뛰어난 셰프야."

"잔디가 참 보기 좋아요. 힘든 일을 해주어서 고마워요."

"당신 오늘밤 너무나 매력적으로 보이는군요."

"힘들 때도 많을 텐데 열심히 일해줘서 고마워요. 당신 덕분에 우리 가정이 풍족하게 살 수 있으니 말이에요."

"당신을 사랑해. 당신은 이 세상에서 제일 멋진 아내일 거야!"

인정하는 말은 말뿐 아니라 글로 표현할 수도 있다. 우리는 결혼 전에 늘 사랑의 편지와 시를 써서 주고받았다. 왜 결혼 후에도 이런 방법을 계속하지 않는가? 이런 사랑의 표현을 다시 하고 싶지 않은가? 만일 쓰는 것이 힘들다면 문자 메시지라도 짧게 보낼 수 있을 것이다.

다른 가족이나 친구들 앞에서 배우자를 인정해주는 말을 하라. 당신은 더 많은 점수를 얻을 것이다. 그렇게 하면 배우자가 사랑받는다고 느낄 뿐 아니라 다른 사람들에게도 인정하는 말을 어떻게 표현하는지, 그 실제적인 예를 보여줄 수 있다. 만일 장모 앞에서 아내를 자랑한다면 당신은 인생의 열렬한 지지자를 얻게 될 것이다.

이런 말들이 말로, 혹은 글로 신실하게 표현되기만 하면 제1의 사랑의 언어가 인정하는 말인 사람들에게는 사랑을 큰 소리로 외치는 것으로 들린다.

함께하는 시간

짐은 『5가지 사랑의 언어』를 읽은 후 내게 편지를 썼다.

"처음에는 도리스가 함께 시간을 보내지 않는 것에 대해 왜 그렇게 불평했는지 몰랐는데, 이제 보니 그녀의 제1의 사랑의 언어가 함께하는 시간이더군요. 전에는 그녀를 위해 해준 일을 고마워하지 않는 그녀의 부정적인 태도를 늘 정죄했습니다. 저는 활동적인 사람이므로 지저분한 것을 청소하고 정돈하는 것을 좋아합니다. 결혼 초기에는 늘 세차를 하고, 잔디를 깎고, 집 주변도 깨끗이 청소하고, 진공 청소기로 집안 청소도 했습니다. 제가 이 모든 것을 해주는데도 도리스는 고마워하지 않고 제가 함께 시간을 보내지 않는 것만 불평하니 정말 이해할 수 없었습니다. 그런데 머릿속에 섬광이 스쳤습니다. 그녀는 이 모든 것을 고마워하지만 그녀의 제1의 사랑의 언어는 봉사가 아니기 때문에 사랑받는다고 느끼지 못했던 것입니다. 그래서 저는 우리 둘만을 위해 일주일간 휴가를 갖기로 했습니다. 지난 몇 해 동안 이런 시간을 전혀 가질 수 없었거든요. 이런 계획이 있다고 이야기해주었더니, 그녀는 마치 바캉스를 떠나는 아이처럼 우쭐댔어요."

특별한 주말을 보낸 후 짐은 가정의 경제 사정을 고려하여 두 달에 한 번 정도 이런 시간을 갖기로 했다. 그들은 주말에 여러 주를 다니며 여행을 했다. 그의 편지는 계속되었다.

"저는 매일 밤 그날 있었던 일에 대해 15분 정도 이야기하자고 했습니다. 그녀는 매우 좋지만 제가 그렇게 할 수 있을지 의심스럽다고 했습니다. 첫 주를 그렇게 보내고 나니 도리스의 태도가 놀랍게 바뀌었습니다. 그녀는 늘 긍정적인 얼굴로 웃었고 눈이 빛났습니다. 그리고 제가 집안 일을 도와주는 것에 대해 몹시 고마워했습니다. 더 이상 저를 비판하지도 않았습니다.

저의 제1의 사랑의 언어는 인정하는 말이었습니다. 사실 우리 부부는 지난 몇 년간 사이가 좋지 않았습니다. 5가지 사랑의 언어를 발견해서 왜 좀 더 일찍 결혼 생활에 적용하지 못했는지 안타까울 뿐입니다."

도리스와 짐의 경험은 서로의 사랑의 언어를 발견한 수많은 부부들의 경우와 비슷하다. 짐과 같이 배우자의 사랑의 언어를 알아내 규칙적으로 표현하는 법을 배워야 한다. 그렇게 할 때 배우자의 사랑의 탱크가 충분히 채워져 나머지 네 가지 사랑의 언어도 그 의미가 강화될 것이다.

선물

모든 문화권에서 남편과 아내는 사랑의 표현으로 선물을 주고받는다. 이는 보통 결혼 전에 시작되는데, 서구 문화권에서는 주로 데이트할 때나 결혼 전에 한다.

서구에서는 여자보다 남자가 선물을 주는 것이라고 생각하지만 제1의 사랑의 언어가 선물인 남자들도 있다. 여성들이 쇼핑 후 사온 물건들을 늘어놓을 때, 속으로 '아내가 내 셔츠나 넥타이, 아니면 양말이라도 사오지 않았을까? 쇼핑할 때 아내는 내 생각을 전혀 하지 않나?'라고 생각하는 남성들도 많이 있다.

제1의 사랑의 언어가 선물인 배우자가 선물을 받으면 "남편이 이토록 날 생각하고 있잖아.", "이것 좀 봐. 아내가 사준 선물이야." 같은 반응을 나타낸다. 우리는 선물을 고를 때 신중하게 생각한다.

그러므로 선물은 사랑을 전달하는 사려깊은 마음의 표현이 된다. 우리는 "중요한 것은 선물 그 자체보다 그가 나를 생각하는 것이다."라고 말하기도 한다. 그러나 중요한 것은 머릿속에 들어 있는 생각이 아니라 실제로 선물을 주는 것이다.

무슨 선물을 주어야 할지 모를 때도 있다. 그때는 남의 도움을 받아도 된다. 보브는 아내의 제1의 사랑의 언어가 선물인 것을 알았지만 어떤 선물을 해야 할지 몰라 정말 난감했다. 그래서 처제에게 일주일에 한 번씩 선물 고르는 것을 도와달라고 했다. 이렇게 한 달을 하고 나니 혼자서도 선물을 고를 수 있게 되었다.

마리의 남편 빌은 골프를 즐긴다. 남편은 취미인 골프와 관계된 물품을 갖고 싶어하는 눈치였다. 그렇지만 어떻게 할까? 그녀는 골프에 대해 아는 바가 없어서 일년에 두 번 정도 남편의 골프 친구에게 자문을 구해 선물을 구입하여 때에 맞추어 선물을 했다. 그는 자기가 좋아하는 것을 아내가 어떻게 알았는지 모르겠다고 하면서 어린애같이 좋아했다.

바트는 일주일에 5일은 정장 차림으로 출근한다. 그의 아내 데비는 한 달에 한 번 남편이 양복을 구입한 상점에 가서 잘 어울리는 넥타이를 골라달라고 점원에게 부탁한다. 점원은 그가 어떤 양복을 가지고 있는지 알기 때문에 늘 조화가 잘 되는 넥타이를 골라준다. 바트는 만나는 사람마다 자기 아내가 얼마나 사려깊은 사람인지 모른다고 늘 자랑한다.

물론 남편의 선물을 사기 위해서는 현금이 필요하다. 만일 아내가 직장에 다니지 않는다면 남편과 상의해서 남편을 위한 선물 비용을 별도로 정할 필요도 있다. 자기의 제1의 사랑의 언어가 선물인 남편이라면 이렇게 가계 지출하는 것을 퍽 좋아할 것이다.

배우자의 제1의 사랑의 언어를 배울 수 있는 방법은 다양하다. 다른 사람처럼 할 필요는 없고 당신만의 창의적인 방법을 사용할 수 있다. 배우자가 이제 막 시작한 취미나 관심거리와 관련 있는 것으로 선물을 골라 주어라. 혹은 하루 이틀 외출해서 선물을 함께 고를 수도 있다. 둘 다 좋아하는 식당에 가거나 연극이나 연주회 티켓을 사서 줄 수도 있다. 집안 일, 혹은 당신이나 전문가가 해야 할 정원 일을 대신 해준 것에 대해 인증서를 써줄 수도 있다. 갓난아기를 둔 아내라면 둘만 휴양지에 가서 이틀 정도 조용히 보낼 수도 있다. 아내나 남편이 소중히 여기는 오디오에 새로운 음향 장치나 시설 등을 설치해주는 것도 선물이 될 수 있다.

봉사

로저는 몹시 감정이 격한 상태로 상담가와 대화를 하고 있었다.

"정말 이해할 수 없어요. 마샤는 직장을 그만두고 가정에 있기를 원해요. 그건 제게 아무 문제가 되지 않아요. 왜냐하면 저는 우리 가족을 부양할 만큼 충분한 돈을 벌고 있거든요. 하지만 그녀가 집에 있을 때도 왜 제대로 집안 정리를 못하는지 모르겠어요. 퇴근 후 집에 들어가면 재해 지역에 온 것 같아요. 침대는 정리되어 있지 않고 잠옷은 여전히 의자에 던진 그대로지요. 세탁된 옷들은 건조기 위에 수북히 쌓여 있고, 아이들 장난감은 여기저기 흩어져 있습니다. 시장이라도 갔다 온 날은 사온 물건들이 봉투 속에 그대로 있어요. 그렇게 벌여 놓고 그녀는 TV를 보고 있어요. 저녁 준비를 제대로 해 놓지도 않고 말입니다. 저는 이제 돼지우리 같은 곳에서 사는 데 진절머리가 납니다. 제가 늘 부탁하는 것은 집이라도 깨끗하게 정리하며 살자는 겁니다. 저녁을 매일 준비할 필요는 없어요. 일주일에 한두 번은 늘 외식을 하니까요."

로저의 제1의 사랑의 언어는 봉사인데, 그의 사랑의 탱크의 수위가 거의 바닥을 드러내고 있었다. 그는 마샤가 집에서 쉬든지, 직장을 다니든지, 상관하지 않는다. 다만 지금보다 잘 정돈된 가정에서 살고 싶어할 따름이다. 그의 생각은 아내가 자기를 사랑한다면 집 정돈을 더 잘해 놓고 일주일에 몇 번은 저녁 준비도 해야 한다는 것이었다.

마샤는 천성적으로 정리정돈을 잘하는 사람이 아니었다. 그녀는 창의적이며 자녀들과도 아주 재미있게 잘 지낸다. 그녀는 집안을 정돈하는 것보다 자녀들과의 관계를 더 중요시하는 사람이다. 로저의 사랑의 언어인 봉사는 그녀에게 거의 불가능한 것처럼 보였다.

그들의 이야기는 언어라는 메타포를 왜 사용하는지 이해하게 한다. 만일 당신이 영어를 배우면서 성장했다면 독일어나 일본어를 배우는 것이 매우 어려울 것이다.

이와 비슷한 논리로 당신이 봉사라는 사랑의 언어를 배우는 것이 힘들 수 있다. 하지만 봉사가 배우자의 제1의 사랑의 언어임을 알았다면 유창하게 표현할 방법을 찾기 위해 노력할 수 있다.

마샤의 해결책은 오후에 옆집에 사는 십대 아이를 불러서 자녀들과 놀게 하고 남편을 위해 집안을 청소하는 것이었다. 자기 아이들을 돌보아주는 대가로 그녀는 일주일에 몇 번 그 십대 아이에게 수학을 가르쳐주었다. 또 일주일에 3일은 저녁 식사를 준비했는데 아침에 준비하여 저녁에 조금만 손보면 될 수 있게 하였다.

비슷한 상황에 처해 있던 또 다른 주부는 친구와 함께 요리 강습에 등록하였다. 그들은 수업을 받는 동안 서로의 자녀를 번갈아 돌봐 주면서 그곳에서 사귄 여러 사람들과 재미있게 지냈다.

당신의 배우자가 좋아하는 일을 하는 것이 바로 가장 기본적인 사랑의 언어를 표현하는 것이다.

설거지를 하고, 침실을 꾸미고, 가구를 다시 배치하고, 관목들을 잘 다듬고, 상하수도를 고치고, 목욕탕을 청소하는 것 등이 모두 봉사다. 진공청소기를 돌리거나 세차를 하고 아기 기저귀를 갈아주는 것과 같은 작은 일들도 있다.

배우자가 가장 원하는 것이 무엇인지 알아내는 것은 그다지 어렵지 않을 것이다.

지금까지 배우자가 가장 많이 불평한 것이 무엇인지 생각해보라. 당신이 배우자에 대한 사랑의 표현으로 이런 봉사를 한다면 당신이 그런 일들을 단순한 것으로 생각하는데 반해, 배우자는 굉장히 귀중한 것으로 여길 것이다.

스킨십

스킨십을 단순히 부부관계와 동일시하면 안 되며 사랑의 표현인 스킨십을 성적인 접촉에만 제한시켜도 안 된다. 배우자의 어깨에 손을 올려놓고, 손가락으로 머리를 쓰다듬고, 목이나 등을 쓸어주고, 커피를 따라주면서도 팔을 살며시 만지는 행위 등은 모두 사랑의 표현이 될 수 있다. 물론 사랑은 손을 잡고, 키스를 하고, 껴안고, 성적인 전희를 하고, 잠자리를 같이하는 행위들로 잘 표현된다. 제1의 사랑의 언어가 스킨십인 사람에게는 이 모든 것이 사랑을 가장 큰 소리로 표현하는 것이다.

"저는 남편이 제 등을 마사지해줄 때 사랑을 느껴요. 제게 관심을 보이고 있으니까요. 그가 제 손을 잡을 때마다 '여보, 사랑해.'라는 말로 들립니다. 그가 저를 만질 때 사랑을 많이 느낍니다."

질은 분명히 자기의 제1의 사랑의 언어가 스킨십이라고 말하고 있다. 그녀는 선물, 인정하는 말, 함께하는 시간, 봉사 등의 사랑의 언어에도 고마워하지만 가장 깊은 감정적인 사랑의 교류는 남편의 스킨십을 통해서 이루어진다. 이것이 없다면 인정하는 말들은 공허할 것이고, 선물과 함께하는 시간도 아무 의미가 없으며, 남편의 봉사는 단지 의무감으로 하는 것에 불과할 것이다. 하지만 남편의 스킨십을 받으면 그녀의 사랑의 탱크가 충분히 채워지고 그 밖의 다른 사랑의 언어들로 표현된 사랑으로는 이미 충분히 채워진 사랑의 탱크를 더 차고 넘치게 만들 것이다.

남성의 성적인 욕구는 신체적인 반면, 여성의 경우는 감정적이다. 남편들은 자기의 제1의 사랑의 언어를 스킨십이라고 생각한다. 성적인 욕구가 제대로 충족되지 않을 경우에는 더욱 그렇게 생각한다. 성적으로 방출하고 싶은 욕구가 감정적인 사랑의 욕구를 압도하기 때문에 이것이 자기의 가장 깊은 욕구라고 생각한다. 그러나 성적인 욕구가 충족되면 그것이 자기의 제1의 사랑의 언어가 아님을 알게 될 것이다. 한 가지 알 수 있는 방법은, 부부관계와 관련 없는 스킨십을 얼마나 많이 즐기느냐 하는 것이다. 이런 스킨십이 제일 즐겁다는 생각이 들지 않으면 스킨십은 당신의 제1의 사랑의 언어가 아니다.

배우자의 사랑의 언어 표현하기

당신은 다음과 같은 질문을 받을 수 있다. "이것이 정말 가능합니까? 이것이 결혼 생활에 무슨 변화를 가져올까요?" 정말 그런지 알 수 있는 가장 좋은 방법은 직접 시도해보는 것이다. 당신이 배우자의 제1의 사랑의 언어를 모른다면 그에게 이 부분을 읽게 한 후, 그것에 대해 함께 이야기를 나눌 수 있다. 배우자가 이야기하려고 하지 않으면, 당신이 혼자 추측해야 한다. 그가 불평하는 것, 요구하는 것, 또한 그의 행동 등을 잘 생각해보라. 그가 당신과 다른 사람들에게 표현하는 사랑의 언어가 그의 사랑의 언어를 알 수 있는 힌트가 될 수 있다.

이것을 염두에 두고 배우자의 제1의 사랑의 언어일 것 같은 것을 몇 주간 표현하라. 그리고 그의 행동에 어떤 변화가 일어나는지 잘 주시해보라. 당신이 그의 사랑의 언어를 표현해주었다면 그의 태도나 마음의 변화를 볼 수 있을 것이다. 만일 배우자가 이상하게 생각하면 사랑의 언어에 관해 읽었는데 당신에게 좀 더 잘해주기 위해 한번 시도해보는 것이라고 말하면 된다. 이때 당신의 배우자가 더 알고 싶어하면 아주 좋은 기회가 온 것이다. 그러면 이 책과 함께 『5가지 사랑의 언어』를 읽을 것을 권한다.

서로의 사랑의 언어를 정기적으로 표현하라. 그러면 부부 사이의 감정의 기류 변화를 볼 수 있을 것이다. 부부의 사랑의 탱크가 충분히 채워져 있으면 자녀들의 사랑의 탱크를 채워주는 것도 훨씬 쉬워질 것이다. 그러면 당신의 부부 생활과 가정 생활이 더 행복해질 것이다.

당신의 배우자와 자녀들의 사랑의 언어를 표현함으로써 효과를 보고 있다면 주변의 친척이나 친구들에게도 이 책의 내용을 말해주어라. 이 책의 내용이 이 가정에서 저 가정으로 전해지면 우리가 사는 사회에 사랑이 더 풍성해질 것이다. 그리고 당신의 가정에서 당신이 하는 사랑스러운 일이 곧 이 세상에 변화를 가져오는 일이 될 것이다.

에필로그
기회

자녀의 제1의 사랑의 언어를 표현하기 시작하면 가족 관계가 더 견고해지고 당신과 자녀 모두에게 유익할 것이다. 1장에서 말했듯이 자녀의 사랑의 언어를 표현한다고 문제가 모두 해결되는 것은 아니다. 하지만 이것은 가정에 안정감을 주고 자녀에게 희망을 가져다줄 것이다. 이 얼마나 놀라운 기회인가. 그러나 새로운 사랑의 언어를 표현하기 시작하면서 의심이 생기기도 하고 다른 염려가 생길 수도 있다. 당신은 과거나 현재 당신의 능력에 관해 염려할 수 있다. 하지만 그런 것들이 바로 기회다. 당신의 과거나 현재의 상태에 상관없이, 지금부터는 당신이 현재 가지고 있는 특별한 기회들에 대해 살펴볼 것이다.

이 책을 읽기에 가장 적합한 독자는 이제 막 결혼 생활을 시작하거나, 혹은 어린 자녀들을 둔 부부일 것이다. 하지만 다 성장한 자녀를 두었거나 성인이 되어 가정을 꾸린 자녀를 둔 사람들일 수도 있다. 이 책을 읽으면서 '좀 일찍 읽었더라면……좀 늦은 감이 있는 것 같아.'라는 생각을 할 수도 있다. 많은 부부가 자신들의 자녀 양육 방법을 회상해보고 그때 자녀들의 감정적인 욕구를 제대로 충족시켜주지 못했음을 깨닫는다. 지금 그 자녀들은 장성하여 결혼했고 가정을 갖고 있다.

만일 당신이 이렇게 후회하는 부모라면 잘못된 것이 무엇이었는지 생각해볼 것이다. 자녀 양육의 중대한 시기에 당신은 직장 때문에 가정을 너무 많이 비웠을 수 있다. 아니면 당신의 어린 시절이 너무 혼란스러워서 부모가 될 준비를 할 수 없었을지도 모른다. 또한 당신 자신이 빈 사랑의 탱크로 너무 오랫동안 지냈기 때문에 자녀들에게 사랑의 언어를 어떻게 표현해야 하는지를 알 수 없었을 수도 있다.

당신이 오랫동안 많은 것을 배웠다 해도 "과거는 지난 일이야. 지금 와서 어떻게 할 수는 없어."라는 결론을 내릴 수 있다. 아니면 "아직도 가능성이 있어."라는 또 다른 가능성을 제시할 수도 있다. 아직도 기회는 많다. 이런 인간 관계는 변하지 않고 가만히 있는 것이 아니라는 사실이 참으로 놀랍다. 즉 더 나은 관계를 만들 수 있는 가능성은 항상 있기 마련이다.

십대 자녀들이나 다 성장한 자녀들과 좀 더 친밀한 관계를 갖기 위해서는 당신과 그들 사이를 가로막고 있는 벽을 허물고 다리를 놓아야 한다. 이는 분명 힘든 작업이지만 해볼 만한 가치가 있다. 당신 자신이 이미 시인한 것, 즉 당신이 자녀들과 사랑의 의사 소통을 잘하지 못했음을 자녀들에게 시인할 때가 되었을지 모른다. 그들이 아직 당신과 한 집에 살거나 혹은 당신 집 근처에 산다면, 그들과 직접 얼굴을 대면하고 눈을 바라보면서 용서를 구하라. 아니면 진실로 사과하면서 앞으로 좀 더 좋은 관계를 갖고 싶다는 내용의 편지를 쓸 수도 있다. 과거를 되돌릴 수는 없지만 지금과 완전히 다른 새로운 미래를 설계할 수는 있다.

당신은 사랑을 전달하는 데 단지 익숙하지 못했다고 말하지만 사실은 감정적으로, 육체적으로, 성적으로 자녀들을 학대했던 것이다. 어쩌면 당신은 자녀들의 알코올 중독이나 마약 복용과 같은 범죄에 공범이 되었을 수도 있고, 당신의 고통과 미성숙으로 인해 스스로 분노의 희생자가 되었을 수도 있다. 당신의 실패가 어떤 것이었든 간에 당신과 자녀 사이에 있는 벽을 허무는 일은 늦지 않았다. 당신이 벽을 제거하지 않는다면 결코 다리를 놓을 수 없다(당신이 아직도 자녀를 학대하고 있다면 이런 파괴적인 행위를 없앨 수 있도록 전문적인 상담가의 도움을 받을 수 있다).

과거의 실패를 치유할 수 있는 가장 확실한 방법은 그 실패를 고백하면서 용서를 구하는 것이다. 당신은 어떤 행위의 결과뿐 아니라 그 행위 자체도 지울 수 없다. 그러나 고백하여 용서를 받음으로써 감정적으로, 영적으로 깨끗해지는 경험을 할 수 있다. 자녀들이 당신을 용서한다는 것을 말로 표현하든 하지 않든, 당신이 자신의 실패를 기꺼이 받아들일 정도로 성숙해졌다는 사실은 당신을 더 존경하게 만들 것이다. 이쯤 되면 자녀들은 당신이 자기들과의 사이에 다리를 만들려고 노력한다는 것을 알고 마음을 열 것이다. 그래서 당신이 자녀들과 좀 더 친밀한 관계를 갖는 특권을 누릴 날이 올지 누가 알겠는가?

당신이 전에는 바람직한 부모가 아니었다 해도, 이제 자녀들이 진실로 가치 있는 존재임을 느낄 수 있도록 여러 방식으로 그들을 사랑할 수 있다.

그리고 당신 자녀들도 자녀를 두고 있다면 당신이 자녀들 다음 세대까지 영향을 미치고 있음을 알 것이다. 그래서 당신 가정의 어린아이들은 매일의 삶 속에서 무조건적인 사랑을 받는 더 좋은 기회를 얻게 될 것이다.

당신 손자들의 사랑의 탱크는 충분히 채워졌으므로, 사랑의 탱크가 비었을 때보다 지적으로, 사회적으로, 영적으로 그리고 사람들과의 관계 속에서 좀 더 수용하는 자세로 적극적으로 행동할 것이다. 자녀들이 사랑받는다는 것을 느낄 때, 그들은 세상을 좀 더 밝게 볼 것이다. 그들의 영혼은 좀 더 안정감을 갖게 되고 그들은 이 세상에서 선을 향한 잠재력을 더 많이 발휘하게 될 것이다.

나, 게리는 이 세상 모든 자녀가 사랑과 안정이 있는 가정에서 자라고, 가정에서 받지 못한 사랑을 갈망하여 다른 곳에서 찾으려고 방황하기보다 그들의 에너지가 배우고 봉사하는 데 쓰일 수 있는 날을 꿈꾼다. 이것이 나의 바람이며, 이 책은 이런 꿈이 당신 자녀들에게 현실로 나타날 수 있도록 도와줄 것이다.

게리는 용서를 통한 감정적, 영적 정결함의 기회에 대해 언급했다. 나, 로스는 부모의 영적인 역할을 기억하라는 말을 하고 싶다. 나 자신이 부모 역할을 하면서 발견한 것인데, 내가 이렇게 격려할 수 있는 것은 바로 하나님의 약속 때문이다. 내 아내 패트와 나는 심한 장애를 가진 딸을 출산하는 것과 같은, 너무나 많은 인생의 어려운 다리들을 건넜다. 그러나 하나님은 늘 우리 가까이 계셔서 우리를 도우시고, 그의 놀라운 약속의 말씀을 지키신다는 것을 확신할 수 있었다. 내가 가장 좋아하는 부모 역할에 대한 말씀은 시편 37:25, 26에 있다.

내가 어려서부터 늙기까지

의인이 버림을 당하거나

그의 자손이 걸식함을 보지 못하였도다

그는 종일토록 은혜를 베풀고 꾸어 주니

그의 자손이 복을 받는도다.

이 성경 말씀은 '그의 자손이 복을 받는도다.' 라는 구절로 끝을 맺는다. 나는 이 두 구절의 말씀을 오랫동안 마음속에 간직하고 이 약속을 수없이 시험해보았다. 나는 의로운 사람이 버림받는 것을 본 적이 없다. 의로운 사람들의 자녀들은 복을 받았고, 또한 지금도 복을 받고 있다.

나의 자녀들이 성장하여 모든 면에서 뛰어난 것을 보며, 하나님은 약속을 지키셔서 나의 자녀들에게 복을 주셨고, 나 자신은 진실로 하나님의 자녀라는 사실을 마음에 아로새기게 되었다. 패트와 내가 눈앞에 펼쳐지는 어려운 시험을 통과할 때마다 하나님은 우리를 구해주셨다.

부모인 당신을 격려하고 싶다. 당신의 상황이 어떠하든지, 그리고 앞으로 당신의 상황이 어떻게 변하든지 하나님은 결코 당신을 버리지 않으실 것이다. 하나님은 당신이 있는 곳에 계시며 이 세상 끝날까지 당신과 함께 하실 것이다. 당신이 자녀를 양육할 때 자녀들과 당신의 영적인 면을 개발시킬 수 있는 기회들이 많이 있다.

이사야 선지자는 하나님의 말씀을 다음과 같이 선포한다.

두려워하지 말라 내가 너와 함께 함이라

놀라지 말라 나는 네 하나님이 됨이라

내가 너를 굳세게 하리라

참으로 너를 도와주리라

참으로 나의 의로운 오른손으로

너를 붙들리라 (사 41:10).

이런 성경 구절들은 인생의 힘든 시기와 부모 역할을 할 때 잘 견딜 수 있게 해준다. 하나님의 신실한 약속의 말씀들이 없었다면 우리는 지금과 전혀 달랐을 것이다. 시편 기자는 자녀들을 '하나님의 선물', '상급', '기업'(시 127:3)이라 부른다. 자녀는 가장 놀라운 선물이며, 자녀들이 하나님께 그렇게 귀한 존재라면 부모에게는 모든 것이 되어야 한다. 좋은 부모가 되기 위한 '요구 사항' 목록을 만들어보라. 요구 사항이라는 말에 부담이나 죄책감을 느낄 필요는 없다. 이런 '요구 사항'은 부모의 권위와 역할에 도움을 준다. 편안한 마음으로 자녀로 인해 기쁨을 누리기 바란다.

신출내기 아버지였을 때, 나는 내가 부모 역할을 제대로 할 수 있을지 정말 걱정이었다. 하지만 일단 아이가 무엇을 필요로 하는지 이해하니, 그런 '요구 사항'을 충족시켜 주는 것이 그다지 어렵지 않음을 알게 되었다. 가장 좋은 것은 어떤 부모든지 자녀를 돌보는 일을 할 수 있다는 것이다.

'요구 사항'을 만들었으면 아주 작은 항목으로 시작해서 필요할 때마다 계속 추가하라. 이런 요구 사항들이 충족되는 것을 보면서, 당신은 자녀가 부모의 충분한 사랑을 받고 있음을 확신할 수 있다. 그러면 마음이 편안해지면서 자녀를 기뻐할 수 있다. 이런 확신들이 나에게 얼마나 많은 도움을 주었는지 일일이 서술하기 힘들다. 하지만 실제로 내가 생각했던 것보다 나는 더 좋은 부모라는 것을 알게 되었다.

훌륭한 부모 역할을 위한 '요구 사항'이 이 책에 기록되어 있다. 당신이 목록을 만들기 원한다면 도움을 줄 수도 있다. 하지만 당신의 생각과 말로 되기 전에는 완성되지 못할 것이며, 또한 당신의 것도 될 수 없다. 이것은 나 자신의 '훌륭한 부모가 되기 위한 요구 사항' 목록이다.

1. 내 아이들의 감정적인 사랑의 탱크를 충분히 채워준다 - 5가지 사랑의 언어를 표현한다.
2. 가장 긍정적인 방법으로 아이들의 행동을 통제한다. 요청하기, 가벼운 체벌, 명령하기, 벌, 행동 수정 같은 방법을 쓴다.
3. 사랑으로 훈계한다. "이 아이에게 필요한 것이 무엇인가?"를 묻고 그 다음에 그것을 논리적으로 처리한다.
4. 나의 분노를 적절하게 다스리고, 아이들에게 퍼붓는 일이 없도록 한다. 상냥하면서도 엄격하게 한다.
5. 나의 자녀가 분노를 성숙하게 처리할 수 있도록 최선을 다해 훈련시킨다. 아이가 열일곱 살이 될 때까지 한다.

이제 당신의 요구 사항을 작성하기 바란다. 당신이 목록의 내용들을 행할 수 있다는 것을 알게 될 때, 마음이 편해지면서 자녀들을 기뻐할 수 있다. 그러면 그들은 모든 면에서 점점 더 안정감을 느낄 것이다.

자녀의 5가지 사랑의 언어 **실천 계획**

_제임스 벨

THE FIVE LOVE
LANGUAGES OF CHILDREN

이 실행 계획서는 5가지 사랑의 언어를 자녀에게 표현하는 데 도움을 주기 위한 연구 계획과 연습들을 포함한다. 또한 이는 이 책의 내용을 복습하고 중심 내용을 적용시키는 학습 문제들을 담고 있다. 혼자 이 계획서를 사용해도 좋지만 가장 이상적인 것은 배우자와 함께 사용하는 것이다. 이 실행 계획서는 소그룹에서 토의하기에도 적합하므로 다른 부모들과의 대화를 촉진시키기 위해 '그룹 토의'라는 항목을 포함시켰다.

　자녀의 사랑의 언어를 파악하고 표현하는 데 시간이 걸리는 것과 마찬가지로 이 계획서들 중 어떤 것에는 시간이 필요할 것이다. 그러나 자녀들에게 우리의 사랑을 보여주어, 그들이 책임감 있는 어른으로 성장할 수 있도록 이끌어주는 것은 노력할 만한 가치가 있는 일이다.

1. 사랑이 기초다

1. 자녀에게 얼마나 사랑을 표현하는가? 그것은 그들이 이룬 일이나 재능과 관계된 것인가, 아니면 한 인격으로서의 가치와 관계된 것인가? 즉 당신의 사랑은 조건적인가 무조건적인가?

2. 최근에 자녀에게 주던 사랑을 걷어버린 경우는 없었는가? 그것이 충족되지 못한 기대 때문에 일어난 일이었는가? 만일 그렇다면 무조건적인 사랑을 적절한 훈련과 더불어 줄 수 있는 방법을 강구해보라.

3. 0에서 10까지 숫자 중 자녀의 사랑의 탱크의 수위는 어느 정도인가? 그들의 탱크의 수위를 증가시킬 수 있는 세 가지 방법을 매일 실천하라.

4. 어렸을 때 아주 좋았던 기억들을 회상해보라. 당신의 부모는 당신의 자존감을 위해 사랑의 탱크를 어떻게 채워주었는가? 당신 자녀들은 어떤 좋은 기억을 가지고 있으며, 무조건적인 사랑과 어떻게 연관되는가?

5. 자녀들의 행동에 관한 7가지 사항을 다시 살펴보기 바란다. 어떤 사항이 새로우며 받아들이기 가장 힘든가? 그 의미를 새기고 실천할 필요가 있는 항목은 어떤 것인가?

그룹토의

조건적인 사랑은 자녀에게 불안정, 불안, 낮은 자존감, 분노의 감정을 갖게 할 수 있다. 이러한 특성 중에 어떤 것을 나타내는가? 자녀들을 향한 사랑이 조건적이었던 때를 나누라. 이때 그룹 멤버들은 자녀들을 어떻게 무조건적으로 사랑할 수 있는지에 대한 방안들을 제시해준다.

2. 사랑의 언어 #1 스킨십

1. 당신의 가정에서는 스킨십이 어느 정도였는가? 당신 부모는 안아주고 키스해주거나 그 밖의 다른 애정 표현을 해주었는가? 이런 스킨십이 어른으로 성장한 당신의 모습에 어떤 영향을 미쳤는가?

2. 당신은 자녀들에게 충분한 스킨십을 해주고 있는가? 왜 그렇게 해주는가? 아니라면 왜 그렇게 하지 않는가?

3. 스킨십을 바라는 예외적인 징표들은 무엇일까? 씨름을 하며 뒹구는 것과 같은 스킨십이 어떻게 감정적인 욕구를 충족시켜 줄 수 있을까? 자녀에게 해롭거나 너무 지나친 스킨십은 어떤 것일까?

4. 자녀들을 안아주거나 키스해주는 것과 같이 평범한 것 외에 부담 없는 스킨십에 대해 토의하라. 그리고 이러한 스킨십을 연습해보라.

5. 다음주부터 자녀의 성품과 나이에 맞는 스킨십의 기회를 증가시켜라. 이것의 효과와 반응을 가늠해보라.

그룹토의

자녀 가운데 스킨십이 제1의 사랑의 언어인 자녀가 있는지 생각해보라. 있다면 왜 그런 결론을 얻었는지 이유를 설명해보라. 어린 시절에 경험한 스킨십에 대해 긍정적인 것이든 부정적인 것이든 상관하지 말고 함께 나누어보자. 당신은 이런 경험들로부터 무엇을 배울 수 있는가?

3. 사랑의 언어 #2 인정하는 말

1. 어린 시절에 했던 말들이 자성(自成) 예언이 되었는가? 이것이 성인이 된 당신에게 어떻게 영향을 주었는지 분석해보라.

2. 자녀들의 행동에 좋거나 나쁜 영향을 미친 긍정적인 말과 부정적인 말을 한 가지씩 고르라. 부정적인 말에 대해 잘못을 시인하고 긍정적인 말로 자녀를 인정해주라.

3. 우리는 자녀들을 사랑한다고 생각하지만 자녀들은 느끼지 못할 때가 있다. 그러므로 일상에서 사랑을 적절하게 표현해야 하지만 때로는 아이가 좋아하는 장소에 가서 아이를 사랑하는 이유를 말해주어라. 이 때 아이의 어떤 행동이나 업적이 아닌, 아이 자체에 대한 사랑을 표현하라.

4. 격려하는 말은 중요한 사랑의 표현이 된다. 우선 자녀들에게 무엇이 필요한지, 무엇이 부족한지 물어보라.

5. 자녀들에게 긍정적인 말을 했는데 그 후 화를 내버려, 그때까지 한 긍정적인 효과가 없어졌던 적이 있는가? 정당한 이유로 화를 냈다 해도 자녀에게 상처를 입혔다면 자녀에게 사과하라.

그룹토의

인정하는 말의 가장 큰 적은 분노다. 파괴적이고 부정적인 분노의 역효과 없이 자녀를 훈련시키고 훈계할 수 있는 건설적인 방법들에 대해 토의하라. 자신들의 분노를 다루는 데 성공했던 경험과 실패했던 경험들을 서로 나누어보라. 이런 과거의 경험들로부터 무엇을 배울 수 있는가?

4. 사랑의 언어 #3 함께하는 시간

1. 자녀들의 기본 욕구를 충족시켜 주기 위해 얼마나 많은 시간을 그들과 함께하는가? 자녀들이 가장 즐거워하는 것은 무엇이며 왜 그것이 그들에게 의미 있는지를 물어보라.

2. 이제부터 매주 똑같은 시간에 자녀와 함께할 시간을 달력이나 계획표에 표시해두고, 자녀와 함께 논의할 중요하고 재미있는 주제들을 개발하라. 가치관, 기술, 오락, 미래 계획, 자녀들의 내면 세계, 당신의 내면 세계 등과 같은 주제를 나눌 수 있다.

3. '긴급한 일의 노예가 되는' 것은 매우 심각한 문제가 된다. 지난 달의 스케줄을 점검해보고 같은 기간에 자녀와 함께하는 시간은 갖지 못하면서 별로 중요하지 않은 일에 시간을 허비하지는 않았는가?

4. 매일, 혹은 매주 자질구레한 일들이나 책임을 자녀들에게 맡겨 학습 경험을 나누었는가? 당신은 그들이 맡은 일을 더 잘하게 할 수 있는가?

그룹토의

가장 훌륭하게 부모 역할을 할 수 있는 때는 자녀들과 함께하는 시간을 가질 때다. 이때 경험했던 친밀함이나 유쾌한 추억들을 나누라. 자녀들이 당신 곁에 있는 기간이 길지 않음을 생각하고 특별한 계획을 세워보라.

자녀들과 함께하는 시간을 가졌던 경험을 그룹에서 함께 나누라. 또한 우리 부모들과 함께했던 좋은 추억도 나누라. 이런 경험들로부터 무엇을 배울 수 있는가?

5. 사랑의 언어 #4 선물

1. 우리는 선물의 유용성, 이면에 담긴 의미나 관심, 심지어 그 비용까지 생각하며 선물의 가치를 평가한다. 당신이 시련을 겪을 때 견딜 수 있게 한 선물은 무엇이며 이는 당신에 대해 무엇을 말해주는가?

2. 당신에게 중요한 영향을 끼쳤던 선물을 자녀에게 줄 때 어떤 효과가 있었는가? 선물에 대한 그들의 견해가 당신의 생각과 일치하는가? 선물을 주고받는 것에 대해 자녀와 논의해보면 선물의 유익과 해로운 점에 대해 이해할 수 있게 된다.

3. 당신은 보답받고 싶거나, 뇌물, 물질주의, 허영심과 같은 것을 느끼게 하는 선물을 준 적은 없는가? 순수한 마음의 선물에 대해 생각해보라.

4. 자녀들에게 장난감이나 오락 용품들을 사줄 때, 친구들이나 세속적인 영향에 의해서가 아니라 긍정적이고 건전한 목적에 부합하는지, 부모가 도움을 주면서 함께 참여할 수 있는지 면밀히 검토해보라.

5. 자녀에게 선물을 주며 제1의 사랑의 언어가 선물인지 알아보라.

그룹토의

삶 자체가 선물임을 가르칠 수 있는 방법에 대해 토의하라.

어떻게 하면 보답을 바라지 않고 무조건적인 사랑을 줄 수 있는지 토의하라. 삶 자체 외에 거저 주셨지만 아주 값진 존재인 자녀들과 함께 나눌 수 있는 가장 커다란 선물들은 무엇일까?

6. 사랑의 언어 #5 봉사

1. 부모가 육체적, 정신적 생활을 균형 있게 할 때 봉사는 가장 잘 이루어질 수 있다. 균형이 필요한 세 가지 영역을 적어보고 대책을 강구해보라.

2. 자녀를 위해 당신이 하는 봉사의 목록을 만들라. 자녀가 스스로 할 수 있게 가르친다면 책임감 있는 사람이 되지 않겠는가?

3. 봉사할 때 기꺼운 마음으로 하는지 반성해보라.

4. 당신이 속해 있는 공동체 중 행복하지 못한 사람을 위해 자녀와 함께 도울 수 있는 계획을 세워라. 자녀가 자기 역할을 반드시 감당하게 하고 재미있고 유익했던 것이 무엇이었는지 분석해보라.

5. 자녀에게 봉사하라고 요청할 때 갈등을 일으키는 부분을 면밀히 살펴보라. 당신은 단지 요청만 하면 되는 그런 단계에 있는가? 왜 그런가? 그렇지 않다면 그 이유는? 이것은 일과 봉사에 대한 그들과 당신의 태도에 관해 무엇을 나타내주는가?

그룹토의

부모는 수없이 많은 봉사를 한다. 자녀들의 욕구에 잘 반응할 수 있는 방법은 무엇일까? 어떻게 해야 우리의 행동과 사랑스러운 말과 무언의 교훈이 조화를 이룰 수 있을까? 사랑의 표현인 봉사를 자녀들에게 어떻게 하고 있는지, 거기에 대한 아이디어를 함께 나누라.

이 그룹의 다른 사람들이 하는 것을 통해 당신은 무엇을 배울 수 있는가?

7. 자녀의 제1의 사랑의 언어 발견하는 방법

1. 자녀의 사랑의 표현들을 잘 기억하라. 당신이나 자기 형제, 자매, 친구들, 선생님, 할머니, 할아버지에게 사랑을 어떻게 표현하는지 관찰하여 적어보고 어떤 사랑의 언어들이 두드러지게 나타나는지 보라. 사랑의 표현이 대상에 따라 다른가? 만일 다르다면 원인이 무엇일까?

2. 자녀들은 부모에게 너무나 많은 요구를 한다. 우선 5가지 사랑의 언어를 복습하고 각각의 사랑의 언어에 대해 가능하면 많은 요구 사항 목록을 만들라. 가장 많은 요구 사항은 어떤 것인가? 가슴으로 울부짖는 그들의 욕구를 부모인 당신은 어떻게 충족시켜 줄 것인가?

3. 자녀들이 표현하는 불행과 불평의 형식을 주의해보라. 그들의 부족함과 갈망은 무엇인가? 그들의 욕구를 간과한 이유를 면밀히 검토하고 어떻게 하면 그들의 탱크를 채우는 일을 좀 더 효과적으로 할 수 있겠는가?

4. 5가지 사랑의 언어를 둘씩 짝지어 몇 개월 동안 당신의 자녀로 하여금 '양자 택일' 하게 하고 자녀의 반응을 잘 기록하라. 그런 선택을 한 이유를 이해하도록 노력하고 가장 자주 선택한 사랑의 언어가 무엇인지 알아보라. 어쩌면 이것이 자녀의 사랑의 언어일 것이다.

그룹토의

성, 나이, 성격, 교육, 영적인 성숙 정도, 지적인 성숙 정도 등이 자녀의 제1의 사랑의 언어를 파악하는 데 영향을 줄 수 있음을 명심하라. 당신이 자녀의 제1, 제2의 사랑의 언어를 알아내는 기준은 무엇인가?

8. 훈계와 사랑의 언어

1. 자녀를 훈계하는 데는 여러 가지 긍정적인 방법이 있다. 최근에 모범 보이기, 말로 훈계하기, 요청하기, 가르치기, 배우기 등을 사용함으로써 문제를 해결했던 예를 들어보라.

2. 자녀의 행동을 다스리는 다섯 가지 방법 중 요청이 가장 효과가 크다. 당신과 자녀 모두에게 유익이 되는 것은 무엇인가? 명령하기, 가벼운 체벌, 벌, 행동 수정 등을 생각해보라. 자녀들을 위해 삼가야 할 것은 무엇인가?

3. 자녀가 비행을 저지른다면 어떻게 할 것인가? 그것은 의도적인 반항일까, 아니면 텅 빈 사랑의 탱크의 결과일까? 이런 자녀의 사랑의 욕구를 어떻게 채워줄 것인가? 대화하거나 접촉의 기회를 만들어 자녀의 제1의 사랑의 언어에 맞게 훈계할 수 있다. 이런 계획은 당신의 평상시와 어떻게 다른가? 자녀의 제1의 사랑의 언어가 드러날 때 자녀는 어떻게 반응할까?

4. 자녀의 제1의 사랑의 언어와 갈등을 일으키는 방법으로 훈계한다면 어떻게 될까? (예를 들면, 자녀의 사랑의 언어가 함께하는 시간일 때 격리시키는 방법을 사용하는 것)

그룹토의

바르게 훈계한다고 하면서 부모들은 너무 엄격하거나 너무 허용하는 태도를 취한다. 당신은 어떤 스타일인가? 나의 부모의 주된 훈련 방법과 나의 자녀 훈련에 영향을 미친 책들, 영향을 준 다른 부모들의 충고는 무엇이었는지 나누어보자.

9. 학습과 사랑의 언어

1. 자녀의 학습에 동기를 가장 많이 부여해주는 것과 가장 방해되는 것은 무엇인가? 자녀의 학습 과정의 강점과 약점은 무엇인가?

2. 자녀의 삶에서 감정의 탱크를 채워주는 데 가장 영향을 주는 것은 무엇인가? 당신은 자녀의 감정 상태가 자존감이나 전반적인 안정감, 스트레스와 변화에 대한 반응, 학습 능력에 어떻게 영향을 미친다고 보는가?

3. 당신과 자녀 사이에 감정 전달의 정도는 자녀의 신뢰감과 안정감, 학습 동기 부여에 어떻게 영향을 미치는가? 이 장에서 다음 학기에 자녀의 학습에 좀 더 동기를 부여해줄 수 있는 아이디어를 얻었는가?

4. 자녀가 배우고 싶은 기술이 무엇인지 물어보라. 학습 경험을 통해 당신이 증진시키고 싶은 관심이나 계획을 모두 목록으로 작성하라.

5. 자녀 학습에 대한 당신의 책임 정도는 지나친가 무관심한가? 숙제나 시험 같은 것을 자녀가 책임지게 하기 위해 어떻게 격려하는가?

그룹토의

학습은 자녀의 감정의 탱크가 채워져 안정될 때 가장 잘 성취될 수 있다. 자녀의 제1의 사랑의 언어가 함께하는 시간일 때 부모가 자녀의 학습을 강화시킬 수 있는 아이디어들을 그룹에서 함께 나누라. 다른 사랑의 언어에 대해서도 똑같이 적용해보라.

10. 분노와 사랑

1. 당신의 분노가 적절한 것이었다면 긍정적인 결과를 초래했는가? 이는 파괴적이거나 '이기적인' 분노와 어떻게 다른가?

2. 당신은 분노의 감정을 어느 정도로 잘 다루는가? 당신은 자신의 분노의 감정을 조절하는 것과 자녀들의 분노의 감정을 훈련시키는 것을 어떻게 개선할 것인가?

3. 정직, 약속 이행, 책임감과 같은 범주에 속하는 것이 자녀에게 어떻게 나타나는지 0에서 10까지의 수치로 평가해보라. 이러한 범주와 분노의 감정이 어떤 관련이 있는지 살펴보라. 그중 가장 낮은 수치를 뽑아 배우자와 상의한 후, 자녀가 분노를 잘 처리하도록 어떻게 도와줄지 의논하라.

4. 자녀를 따로 불러서 기분 좋게, 재미있게 해주라. 지금은 '고민을 털어놓는 시간'이라고 하면서 화나고, 실망하고, 환멸을 느꼈던 것을 모두 말하라고 독려하라. 가능하면 심한 말이나 격한 감정을 나타내도 솔직하게 표현할 수 있게 하라. 이런 일들을 해결하기 위해 도와주겠다고 약속하라.

그룹토의

어떻게 하면 부모의 권위를 유지하면서 자녀를 더 잘 이해하고 사랑할 수 있을까? 자녀의 말에 귀를 기울이고, 합리적인 판단을 하며, 당신의 결정을 조심스럽게 설명하는 전략을 강구하라. 이런 전략이 성공했던 경우와 실패했던 경우를 그룹에서 함께 내놓고 이야기해보자.

11. 한부모 가정에서 사랑의 언어 표현하기

(다음 질문 사항은 한부모들에게만 해당된다.)

1. 자녀와의 사랑의 관계를 갖기가 힘든 정신적인 충격들을 모두 열거해 보라. 자녀의 제1의 사랑의 언어를 표현하는 데 이런 것들이 어떤 영향을 주며 이를 개선하기 위해 할 수 있는 일은 무엇인가?(시간, 경제적 압박, 사회적 압박, 개인적인 스트레스 등)

2. 당신 자녀가 부모를 잃거나, 부모와 멀리 떨어질 때 생길 수 있는 감정은 두려움, 분노, 불안, 부정, 비난 등이다. 이러한 고통을 감소시키고 들어주며 그들의 감정을 표현하도록 해서 슬픔을 덜어줄 수 있는 방법들을 생각해보라. 자녀의 제1의 사랑의 언어를 어떻게 사용할 수 있을까?

3. 한부모 밑에서 자란 자녀들 가운데 적극적인 태도로 일하고 헌신함으로써 성공적인 삶을 사는 예가 많다. 자녀를 양육하면서 어려운 일에 직면했을 때 잘 극복한 긍정적인 일들을 이야기해보라.

4. 자녀들에게는 부모를 대신해서 모범을 보여줄 사람이 필요하다. 자녀들의 생활에 긍정적인 영향을 줄 수 있는 어른들을 어떻게 찾을 수 있는가?

그룹토의

한부모는 사랑, 용납, 성취 등의 욕구 때문에 직장 상사, 부모, 친구, 심지어 자녀들에게도 이용당할 수 있다. 이런 일을 막을 수 있는 방법은?

자녀의 제1의 사랑의 언어를 표현하여 자녀의 태도나 행동에 변화를 가져다줄 수 있는 방법들에 대해 그룹에서 이야기해보라.

12. 결혼 생활에서 사랑의 언어 표현하기

1. 당신과 배우자의 사랑의 언어는 무엇인가? 배우자를 기쁘게 해주기 위해 표현했던 당신의 사랑의 언어에 대해 이야기해보라. 서로의 사랑의 탱크를 잘 채워줄 수 있는 방법들에 대해 이야기해보라.

2. 배우자와의 갈등이 사랑의 언어 문제로 인한 것이라면 이를 어떻게 해결하겠는가? 특히 배우자의 사랑의 언어가 인정하는 말인데 말로 비난할 때 배우자가 받는 충격을 상상해보라. 당신 부부는 서로의 욕구를 어떻게 조화롭게 충족시키는가?

3. 당신의 사랑의 탱크가 충분히 채워지지 않은 경우에는 배우자에게 솔직하게 말하라. 당신의 제1의 사랑의 언어로 말해줄 때 당신이 어떻게 사랑을 느끼는지 아주 상세히 말하라.

4. 배우자의 욕구에 대해 생각해보라. 어떻게 하면 배우자가 사랑받는다고 느끼게 할 수 있을지 방법을 나누어보라.

그룹토의

배우자의 제1의 사랑의 언어를 표현해줄 독특하고 창의적인 방법들에 대해 다른 부부들과 대화해보라. 배우자의 사랑의 언어를 표현하는 것이 그들의 관계에 어떤 변화를 가져왔는지 나누라. 배우자의 사랑의 언어 표현 능력을 습득하기 위해 노력했던 것들을 나누고 격려하라.

참고 도서

Les Carter and Frank Minirth. *The Anger Workbook*. Nashville, Tenn.:Thomas Nelson, 1993.

Gary Chapman. *The Five Love Languages*, Chicago:Northfield, 1995.

Ross Campbell. *How to Really Love Your Child*. Colorado Springs:Victor, 1992.

_____. *How to Really Love Your Teenager*. Colorado Springs:Victor, 1993.

_____. *Kids in Danger:Teaching Your Child to Tame the Destructive Power of Anger*. Colorado Springs:Victor, 1995.

Kevin Leman. *Making Children Mind Without Losing Yours*. Old Tappan, N.J.:Revell, 1984.

Tim Smith. *The Relaxed Parent*. Chicago:Northfield, 1996.

Carole Sanderson Streeter. *Finding Your Place After Divorce*. Wheaton, Ill.: Harold Shaw, 1992.

사명선언문

너희가 흠이 없고 순전하여……세상에서 그들 가운데 빛들로
나타내며 생명의 말씀을 밝혀 _ 빌 2:15-16

1. 생명을 담겠습니다
만드는 책에 주님 주신 생명을 담겠습니다.
그 책으로 복음을 선포하겠습니다.

2. 말씀을 밝히겠습니다
생명의 근본은 말씀입니다.
말씀을 밝혀 성도와 교회의 성장을 돕겠습니다.

3. 빛이 되겠습니다
시대와 영혼의 어두움을 밝혀 주님 앞으로 이끄는
빛이 되는 책을 만들겠습니다.

4. 순전히 행하겠습니다
책을 만들고 전하는 일과 경영하는 일에 부끄러움이 없는
정직함으로 행하겠습니다.

5. 끝까지 전파하겠습니다
모든 사람에게, 땅 끝까지, 주님 오시는 그날까지
복음을 전하는 사명을 다하겠습니다.

서점 안내

광화문점　서울시 종로구 새문안로 69 구세군회관 1층
　　　　　　02)737-2288　/　02)737-4623(F)

강남점　　서울시 서초구 신반포로 177 반포쇼핑타운 3동 2층
　　　　　　02)595-1211　/　02)595-3549(F)

구로점　　서울시 동작구 시흥대로 602, 3층 302호
　　　　　　02)858-8744　/　02)838-0653(F)

노원점　　서울시 노원구 동일로 1366 삼봉빌딩 지하 1층
　　　　　　02)938-7979　/　02)3391-6169(F)

일산점　　경기도 고양시 일산서구 중앙로 1391 레이크타운 지하 1층
　　　　　　031)916-8787　/　031)916-8788(F)

의정부점　경기도 의정부시 청사로47번길 12 성산타워 3층
　　　　　　031)845-0600　/　031)852-6930(F)

인터넷서점　www.lifebook.co.kr